El Secreto de un Matrimonio Extraordinario

Alisa DiLorenzo
con Tony DiLorenzo

Los 6 Pilares de la Intimidad®:
El Secreto de un Matrimonio Extraordinario
© Copyright 2024 | Alisa DiLorenzo con Tony DiLorenzo

Todos los derechos reservados. Ninguna parte de esta publicación puede ser reproducida, distribuida o transmitida en cualquier forma o por cualquier medio, incluyendo fotocopia, grabación u otros métodos electrónicos o mecánicos, sin el permiso previo por escrito del editor, excepto en el caso de breves citas incorporadas en reseñas críticas y algunos otros usos no comerciales permitidos por la ley de derechos de autor.

Aunque el autor y el editor han hecho todo lo posible para garantizar que la información contenida en este libro fuera correcta en el momento de su impresión, el autor y el editor no asumen y por la presente declinan toda responsabilidad ante cualquier parte por cualquier pérdida, daño o trastorno causado por errores u omisiones, tanto si dichos errores u omisiones se deben a negligencia, accidente o cualquier otra causa.

El cumplimiento de todas las leyes y reglamentos aplicables, incluyendo los internacionales, federales, estatales y locales que rigen la concesión de licencias profesionales, las prácticas comerciales, la publicidad y todos los demás aspectos de hacer negocios en los EE.UU., Canadá o cualquier otra jurisdicción es responsabilidad exclusiva del lector y consumidor.

Ni el autor ni el editor asumen responsabilidad alguna en nombre del consumidor o lector de este material. Cualquier desprecio percibido de cualquier individuo u organización es puramente involuntario.

Los recursos de este libro se proporcionan únicamente con fines informativos y no deben utilizarse para sustituir la formación especializada y el juicio profesional de un profesional de la salud o de la salud mental.

Ni el autor ni la editorial se hacen responsables del uso que se haga de la información contenida en este libro. Por favor, consulte siempre a un profesional capacitado antes de tomar cualquier decisión relacionada con el tratamiento de usted mismo o de otros.

Escritura tomada de la SANTA BIBLIA, NUEVA VERSIÓN INTERNACIONAL (R). Copyright (C) 1973, 1978, 1984 por la Sociedad Bíblica Internacional. Utilizado con permiso de Zondervan. Todos los derechos reservados.

Las solicitudes de información deben dirigirse a:
ONE Extraordinary Marriage, PO Box 72674, San Diego, CA 92174 O por correo electrónico a: info@oneextraordinarymarriage.com

ISBN: 979-8-9884374-2-0

ENCUENTRE, ENFOQUE Y ARREGLE RÁPIDAMENTE CUALQUIER GRIETA EN SU MATRIMONIO...

El cuestionario de *Los 6 Pilares de la Intimidad*® le ayudará a ver qué pilares tienen grietas para que pueda centrarse en lo que su matrimonio más necesita - ahora mismo.

¡Realice su cuestionario GRATUITO hoy mismo!

Hemos comprobado que los lectores que descargan y utilizan el cuestionario *Los 6 Pilares de la Intimidad*®, junto con este libro, son capaces de poner en práctica las estrategias más rápidamente y dar los siguientes pasos para crear un matrimonio extraordinario.

Puede obtener su cuestionario GRATUITO visitando:
www.OneExtraordinaryMarriage.com/quiz

DEDICATORIA

A cada persona que es valiente y hace lo necesario para que su matrimonio sea extraordinario, su compromiso es una inspiración para nosotros.

¡Los queremos!

CONTENIDOS

UNA NOTA RÁPIDA *1*

INTRODUCCIÓN *5*

CAPÍTULO 1
    LO QUE NADIE LE HA CONTADO
    SOBRE EL MATRIMONIO *17*

CAPÍTULO 2
    LA INTIMIDAD ES MÁS QUE SEXO 33

CAPÍTULO 3
    PREPÁRESE PARA EL ÉXITO *41*

CAPÍTULO 4
    LOS 6 PILARES DE LA INTIMIDAD® 53

CAPÍTULO 5
    PILAR #1: INTIMIDAD EMOCIONAL *65*

CAPÍTULO 6
    PILAR #2: INTIMIDAD FÍSICA *91*

CAPÍTULO 7
    PILAR #3: INTIMIDAD FINANCIERA......... *115*

CAPÍTULO 8
    PILAR #4: INTIMIDAD ESPIRITUAL *139*

CAPÍTULO 9
    PILAR #5: INTIMIDAD RECREATIVA.........*159*

CAPÍTULO 10
    PILAR #6: INTIMIDAD SEXUAL.................*181*

CAPÍTULO 11
    CADA PILAR IMPORTA *205*

CAPÍTULO 12
    LA BIFURCACIÓN DEL CAMINO *217*

AGRADECIMIENTOS *227*

¿NECESITA AYUDA PERSONAL PARA
MEJORAR SU MATRIMONIO? *231*

ACERCA DE LOS AUTORES *233*

NOTAS...*237*

UNA NOTA RÁPIDA

LAS VOCES DE ESTE LIBRO

Los 6 Pilares de la Intimidad® fue escrito por Alisa, por lo que todas las referencias a yo, me, mi, mío son Alisa hablando. Tony comparte sus ideas en áreas clave, y las designamos con "Pensamientos de Tony".

EL USO DEL MARIDO Y LA MUJER

A lo largo de este libro, verá que utilizamos los términos "marido" y "mujer", "él" y "ella", y "cónyuges". El 5 de octubre de 1996, el oficiante de nuestra boda nos declaró marido y mujer. Esposos. Esta es nuestra identidad. A lo largo de todo nuestro matrimonio, y desde que empezamos a hablar con parejas y a estudiar el matrimonio en 2010, estas son las palabras que hemos utilizado.

Entendemos que diferentes parejas utilizan diferentes palabras. Lo invitamos a que utilice las palabras que le resulten más adecuadas, y le agradecemos que nos permita utilizar las que nos resulten más significativas. Uno de los aspectos clave de un matrimonio exitoso es la capacidad de buscar el entendimiento, incluso cuando los dos no usan las mismas palabras. Lo mismo puede decirse del éxito de nuestra relación con usted. Puede que no utilicemos las mismas palabras, pero los principios en torno a *los 6 Pilares de la Intimidad*® se confirmarán por sí mismos, independientemente de las palabras que utilice.

POR QUÉ "UN MATRIMONIO EXTRAORDINARIO"

El nombre de UN MATRIMONIO EXTRAORDINARIO fue el resultado de estas dos ideas:

1. Génesis 2:24: "Por eso dejará el hombre a su padre y a su madre, y se unirá a su mujer, y serán una sola carne" [énfasis añadido] nos ha guiado desde el principio de nuestra propia transformación matrimonial. Cada día tenemos la misión de ayudar a las parejas a convertirse en una sola.

2. Nuestra misión siempre ha sido ayudar a un matrimonio. Pensamos que, si podíamos hacer que un matrimonio fuera extraordinario, podría cambiar el mundo. Hemos tenido la bendición de influir en miles y miles de matrimonios en todo el mundo. Cada uno de estos matrimo-

nios cambiados deja una licencia duradera. Sin embargo, sabemos que no hemos terminado. Nos levantamos cada día con la misión de influir en el matrimonio que necesite ayuda ese día.

QUIÉN ES LA FAMILIA UNIDA

Cuando hablamos de UNA Familia, nos referimos a la comunidad de oyentes del podcast, lectores y seguidores de Facebook e Instagram que nos permiten el privilegio de formar parte de su historia matrimonial. Utilizamos el término familia por lo que implica. Las familias hacen la vida juntas, las familias capean las tormentas juntas, las familias buscan la manera de salir adelante. Las familias son imperfectamente perfectas.

INTRODUCCIÓN

Escribid la revelación y hacedla constar en tablas, para que corra con ella un heraldo. Porque la revelación espera un tiempo señalado; habla del fin y no resultará falsa. Aunque se demore, espérala; ciertamente vendrá y no tardará.

Habacuc 2:2-3

¿Es realmente posible reavivar la chispa y restaurar la conexión "como nueva" en su matrimonio?

¿Pueden fortalecer su vínculo, evolucionar y crecer juntos, y disfrutar de nuevos y más profundos niveles de amor e intimidad que rivalicen con sus días de recién casados?

Y, lo que es más importante, ¿pueden hacer todo eso sin tener que leer montañas de libros de psicología o desahogarse en interminables sesiones de terapia?

Sí, es posible, y a medida que lea, verá lo fácil que puede ser.

Pero antes de mostrártelo, permítanos saludarlo y presentarnos.

Somos Tony y Alisa DiLorenzo, y nos apasiona ayudar a las parejas a crear su propio matrimonio extraordinario.

Quizá haya llegado hasta aquí a través de nuestro podcast nº 1 sobre el matrimonio, "The ONE Extraordinary Marriage Show", a través del cual conectamos con una audiencia de más de 50.000 oyentes en todo el mundo. O tal vez la portada del libro tenía algo que le hacía sentir identificado con su situación matrimonial. O tal vez su cónyuge simplemente le entregó este libro y le dijo: "¡Por favor, léelo!".

Independientemente de cómo haya llegado hasta aquí, ¡estamos encantados de que lo haya hecho! Le prometemos que saldrá de este libro mejor equipado para tener el matrimonio extraordinario que desea y merece.

A través de la lectura de este libro, vas a descubrir una forma totalmente única de entender su matrimonio. Aprenderá qué hacer cuando aparezcan "grietas", cómo reparar la mayoría de ellas fácilmente y cómo evitar que muchas grietas se produzcan en primer lugar.

Incluso los mejores matrimonios pueden tener grietas en su relación. La diferencia es que las parejas extraordinarias actúan cuando ven que se producen esas grietas.

CÓMO DESCUBRIMOS LAS GRIETAS EN NUESTRO MATRIMONIO

Cuando nos casamos en 1996, pensamos que todo iría sobre ruedas. ¿Tan difícil podía ser el matrimonio? Felices para siempre no era sólo la pantalla al final de una película, era nuestra expectativa. Seguramente también era la suya.

¡Como nos equivocamos!

Once años después, estábamos en una encrucijada y no sabíamos qué camino tomar.

Nuestros hijos tenían dos y cinco años, y ser padres era más difícil de lo que habíamos imaginado. Habíamos logrado salir de una deuda de decenas de miles de dólares, pero la Gran Recesión volvió a amenazar nuestra estabilidad financiera. Nos habíamos enfrentado a la adicción a la pornografía de Tony y a la ruptura de la confianza resultante de esa confesión. Habíamos acumulado una larga lista de problemas matrimoniales y, aunque pensábamos que los habíamos superado, nos encontramos más separados que nunca.

Una buena analogía es que nos sentíamos como si estuviéramos en el mismo almacén al mismo tiempo, pero no compráramos juntos ni discutiéramos lo que había que comprar. Claro que vivíamos juntos, pero no había profundidad.

Éramos tan disfuncionales que nos vimos cara a cara con la posibilidad del divorcio.

> Cuando se centra en su cónyuge durante un tiempo concentrado, sintoniza mejor con quién es, con sus preocupaciones y sus alegrías

Afortunadamente, Dios tenía otros planes para nosotros. Una noche, estábamos viendo la repetición de un programa matutino de entrevistas donde los hijos de nuestros amigos habían sido presentados en un segmento de tenis de playa. Justo después del segmento de los niños había una historia sobre dos parejas que habían hecho retos sexuales en sus matrimonios. Una pareja mantuvo relaciones sexuales durante 101 días seguidos y, en el otro matrimonio, una mujer regaló a su marido un año de sexo por su 40 cumpleaños.

Tony sugirió inmediatamente que podríamos hacerlo como parte del pequeño grupo de ocho semanas que dirigiríamos en nuestra iglesia. El estudio se centraba en estudiar el sexo, concretamente en el Cantar de los Cantares tal y como se presenta en el libro, Intimacy Ignited[1]. Si íbamos a hablar de sexo durante ocho semanas, ¿por qué no "practicar lo que predicábamos"? Inmediatamente dije "No" porque en ese momento no pasábamos ningún tiempo estando cerca el uno del otro, y mucho menos teniendo relaciones sexuales.

Al día siguiente, tuve un momento de "volver a Jesús" cuando me di cuenta de que Tony no me estaba pidiendo que hiciera ninguna locura. Me estaba pidiendo que hiciera de nuestro matrimonio una prioridad. La esperanza era que, si lo hacíamos intencionadamente, podría ayudarnos a restablecer algún tipo de conexión entre nosotros.

Vaya, ¡ese reto nos dio más de lo que esperábamos! Sacó a la luz las cosas que habían estado erosionando los cimientos de nuestro matrimonio de forma lenta, constante y, en muchos casos, invisible. Cuando nos comprometimos a tener relaciones sexuales todos los días, tuvimos que analizar todos los aspectos de nuestro matrimonio. No podíamos limitarnos a hacer lo de siempre. Elegir tener intimidad sexual todos los días, elegir ese nivel de vulnerabilidad y conexión, no es algo que suceda porque sí.

Cuando se centra en su cónyuge durante un tiempo concentrado, sintoniza mejor con quién es, con sus preocupaciones y sus alegrías. Sucede a través de las conversaciones, las caricias, las miradas entre ustedes. Se hace más consciente de lo que funciona y lo que no en el matrimonio. En otras palabras, descubrimos las razones de nuestras grietas.

No era sólo la falta de sexo lo que estaba afectando a nuestro matrimonio, aunque eso formaba parte del problema.

Una vez que empezamos a centrarnos el uno en el otro, nos dimos cuenta de que habíamos caído en vivir como compañeros de piso. Podíamos manejar toda la logística de hacer vida juntos, pero habíamos perdido la conexión emocional y física. Todo giraba en torno a la supervivencia. Qué teníamos que hacer para salir adelante, para asegurarnos de que los niños estaban bien y las facturas se pagaban. No había nada más.

Este momento de concentración puso de relieve el hecho de que habíamos dejado de abrazarnos o besarnos de verdad; era más bien un picoteo rápido, si es que había algo. Y en ese momento, estábamos tan centrados en los niños que habíamos olvidado lo que era pasar tiempo juntos, los dos solos. Cuando nos comprometimos con el Reto Sexual de 60 días, tuvimos que ir más allá de la superficie. Tuvimos que salir de nuestras rutinas. Centrarnos en nuestro matrimonio y el uno en el otro nos hizo darnos cuenta de que habíamos perdido la capacidad de comunicarnos e incluso la capacidad de reír.

¡Nos veíamos bien por fuera, pero por dentro éramos un desastre!

A medida que pasaban los días y nos centrábamos el uno en el otro y hacíamos de nuestro matrimonio una prioridad, pudimos ver estas grietas y sus causas, y empezamos a abordarlas. La realidad era que teníamos que tomar medidas o estaba claro que acabaríamos siendo una estadística de divorcios. *Ambos* nos centramos en hacer las cosas de otra manera y, maravilla de maravillas, nuestro matrimonio empezó a mejorar.

La gente empezó a notarnos y a preguntarnos cuál era nuestro secreto. Cuando compartimos nuestra insólita historia de transformación con otras parejas, se corrió la voz. Antes de que nos diéramos cuenta, nos pedían que habláramos en grupos y trabajáramos con otras parejas.

Con el tiempo, nos dimos cuenta de que había muchos factores comunes a todos los matrimonios, pero rápidamente una cosa empezó a sobresalir por encima de todo lo demás:

HAY SEIS INTIMIDADES EN EL CORAZÓN DE CADA MATRIMONIO EXTRAORDINARIO

Desde 2010, hemos pasado incontables horas estudiando no sólo nuestro matrimonio, sino los matrimonios de otras parejas de todo el mundo. Estas seis intimidades se nos han mostrado una y otra vez. Una vez que nos dimos cuenta de este patrón, la observación fue tan emocionante para nosotros, que empezamos a compartirlo con el mundo.

Ahora llamamos a estas intimidades los seis "pilares", porque son las estructuras de apoyo que mantienen unido al matrimonio.

Mientras los pilares sean sólidos y rectos, mantendrán su matrimonio próspero y garantizarán que todo vaya sobre ruedas.

Pero si se inclinan, forman grietas o se dañan, su matrimonio empezará a derrumbarse.

Los estudios demuestran que las parejas pasan una media de seis años siendo infelices antes de buscar ayuda.[2]

Muchas personas esperan demasiado y llegan al punto de creer que es demasiado tarde para su matrimonio. No tiene por qué ser así. Lo sabemos, tanto por experiencia personal como por haber visto mejorar los matrimonios de innumerables personas con las que hemos trabajado.

La mejor manera de fortalecer y ayudar a su matrimonio es cuidar sus *6 Pilares de Intimidad*®.

Puede que ahora esté pensando: "Bueno, si esa es la clave, dime cuáles son los 6 Pilares para ponerme manos a la obra".

El conocimiento es una cosa, pero la acción es algo totalmente distinto. Los matrimonios extraordinarios no "ocurren porque sí", y no surgen de leer una página de información condensada. Son el resultado de ser intencional y tomar acción.

No nos limitamos a chasquear los dedos o a desear un matrimonio mejor. Tomamos la decisión de hacer algo diferente, de invertir en nuestro matrimonio. Nos dimos cuenta de que sabíamos muy poco sobre cómo llevar bien un matrimonio, y necesitábamos cambiar eso de nosotros mismos para mejorar.

> La mejor manera de fortalecer y ayudar a su matrimonio es cuidar sus *6 Pilares de Intimidad*®

Queremos que tenga un matrimonio extraordinario, y queremos que llegue a ese lugar mucho más rápido que nosotros. Es su turno de comenzar ese camino hacia lo extraordinario... ahora.

Sabemos lo difícil que puede ser cuando las cosas van mal en su matrimonio, pero también sabemos lo *increíble* que se siente cuando las cosas cambian. Se merece tener un matrimonio extraordinario. *Los 6 Pilares de la Intimidad*® le mostrarán el camino. ¡Es hora de que usted logre un gran avance!

CAPÍTULO 1

LO QUE NADIE LE HA CONTADO SOBRE EL MATRIMONIO

Una boda es un acontecimiento,
un matrimonio es para toda la vida.
Invierta más en su matrimonio que
en su boda y el éxito será inevitable.
───────────

Anónimo

Érase una vez un chico guapo que vio a una mujer preciosa. Entablaron conversación, una conversación llevó a la otra, y pronto se encontraron en una primera cita. Se divirtieron tanto que tuvieron una segunda cita, y una tercera, y una cuarta.

A medida que se iban conociendo, se dieron cuenta de que se estaban enamorando. Pasó algún tiempo, y entonces él le hizo la pregunta: "¿Quieres casarte conmigo?"

No sorprendió a sus amigos y familiares cuando ella dijo: "¡Sí!".

Planearon la boda, que transcurrió sin contratiempos. Fue más fácil de lo que esperaban. Había tantas páginas web, libros y recursos que les ayudaron a encontrar todo lo que necesitaban para que esas seis horas fueran mágicas. De repente, ya eran marido y mujer.

Después de la luna de miel, fue divertido preparar su primera casa juntos, soñar con cómo serían sus vidas, cómo serían sus hijos. Pero al cabo de un tiempo, empezaron a preguntarse: "¿Por qué no nos llevamos tan bien?". Las pequeñas cosas se volvieron molestas. ¿Por dónde va el papel higiénico? ¿Tan difícil es meter la ropa sucia en el cesto? ¿Siempre fuiste tan desordenado? ¿Por qué nos cuesta tanto hablar, o incluso sacar tiempo para hablar?

Cuando llegaron los niños, se dieron cuenta de que había aún menos tiempo para citas o sexo, o incluso para pasar el rato. Aquellas pequeñas peleas por el papel higiénico y la ropa sucia se convirtieron en grandes peleas por la felicidad, por no entenderse y por cuestionarse por qué habían pensado que era buena idea casarse.

Sabían que algo iba mal, pero no sabían qué era ni qué hacer al respecto. Y tenían miedo de que, si no lo averiguaban, nunca iban a ser felices juntos o, peor aún, podrían no sobrevivirlo.

Así fuimos nosotros durante los once primeros años de nuestro matrimonio. Tal vez le suene demasiado a lo que está pasando en su propio matrimonio.

Nos casamos pensando que todo iba a ser arcoíris y unicornios. Pensábamos que seríamos la pareja que llegaría fácilmente a los años del ocaso. "Felices para siempre" era el objetivo y el sueño, y esperábamos que fuera una meta fácil de alcanzar.

Excepto que no sabíamos cómo crear el "felices para siempre". Nos casamos pensando que el matrimonio se arreglaría solo. Nos queríamos, así que, ¿tan difícil podía ser estar casados con la misma persona el resto de nuestras vidas?

Resulta que estar casado es mucho más difícil -y mucho más complicado- que planear una boda.

Hay muchas razones para ello.

RETO #1: SU CÓNYUGE VA A LLEVAR LA VIDA DE FORMA DIFERENTE

Los dos han tenido una educación diferente. Tienen puntos de vista diferentes sobre el matrimonio. Valoran cosas diferentes. Sus estilos de comunicación no son los mismos. La forma de mostrar afecto es diferente, y cada familia tiene diferentes tipos de disfunción.

Independientemente de lo que se ve en las redes sociales, la familia de todo el mundo tiene algún nivel de disfunción. Cuando se trata de seres humanos, la disfunción forma parte de la ecuación. Es importante averiguar cuál es la suya para poder abordarla, porque cualquier cosa que se deje sin tratar saldrá a la luz bajo estrés en su matrimonio.

Existen todas estas diferencias y, sin embargo, el día de su boda un oficiante los declaró "Sr. y Sra.".

Una unidad.

Uno.

Excepto que *no* son uno. Siguen siendo dos,

y es ese ser dos lo que causa todos los problemas en el matrimonio.

Queremos que sepan que es normal desear que su cónyuge sea más como ustedes. Es normal que se lamente de lo fácil que sería si él/ella pudiera aceptar su forma de hacer las cosas. Pero piense en esto: si su cónyuge fuera como usted, uno de los dos no sería necesario.

El matrimonio consiste en aprender a construir una vida con otro ser humano. Es un viaje para encontrar la unidad y amar a alguien a través de muchas estaciones diferentes, no sólo las divertidas.

RETO #2: EL MATRIMONIO NO VIENE CON UN MANUAL

El matrimonio es una de las pocas cosas en la vida que requiere una verdadera formación en el puesto de trabajo. No importa si siente que él la conoce mejor que nadie, o si es a ella a quien puede decirle cualquier cosa. Una vez que la boda ha terminado y empieza la vida real, puede que se encuentre rascándose la cabeza y pensando: "¿Quién es esta persona con la que me he casado?".

Es probable que muchos de los que leen este libro hayan recibido algún tipo de orientación o asesoramiento prematrimonial, pero

¿han rozado siquiera la superficie de lo que realmente va a ser el matrimonio? Usted leyó los libros y tuvo las conversaciones, pero todo era hipotético en ese entonces. Ahora, está en el mundo real y nada de esa formación le está ayudando.

¿Cómo puede aprender a resolver las peleas y a hablar de sus diferencias cuando ha crecido en una familia en la que sus padres nunca se peleaban delante suyo? ¿O en la que se peleaban delante suyo, pero nunca parecían resolver nada? Nunca fue testigo de cómo una pareja afronta y resuelve los retos cotidianos del matrimonio.

¿Qué pasa si sus padres nunca fueron cariñosos delante de los niños, así que no sabe cómo es eso, y ahora está casado con alguien que le suplica que sea más cariñoso? Su pareja quiere que lo toque, pero ¿qué significa eso?

> Esté donde esté, sea cual sea su historia, no pasa nada. No está solo

Tal vez haya visto a sus padres simplemente tolerándose por el bien de los niños. Eran excelentes (o no tan excelentes) compañeros de piso, pero nada más. Puede que sepa cómo poner a los niños primero, pero no tenga ni idea de cómo poner a su cónyuge primero.

Puede que sus padres se hayan divorciado y nunca haya vivido la experiencia de una pareja que supera sus dificultades. Por eso, puede que no sepa cómo ser vulnerable o cómo elegir la conexión cuando lo único que quiere es huir o luchar. Tal vez lo crio un padre soltero y nunca vio la interacción entre marido y mujer. O su padre soltero salía mucho con otras personas y nunca vio cómo era para una pareja construir un matrimonio durante diferentes temporadas.

Esté donde esté, sea cual sea su historia, no pasa nada. No está solo. Está empezando este libro con la idea de que necesita algo más, y está dispuesto a trabajar para encontrar la solución. Sigue leyendo. Tiene las respuestas en sus manos.

RETO #3: TENDRÁ QUE LUCHAR CONTRA LA COMPARACIÓN

La comparación es real y le robará la alegría cuando se trate de su matrimonio. Aparece de muchas maneras diferentes. Ocurre cuando mira los posts de Facebook o Instagram de alguien de una cita o unas vacaciones fabulosas y piensa por qué no podemos ser nosotros. O cuando ve a una pareja en una cita y parece que se están divirtiendo, mientras que los dos están luchando para mantener una conversación. Es ver a un compañero de trabajo responder a un mensaje dulce o sexy de su cónyuge y pensar "yo nunca recibo mensajes así".

Es fácil pensar que todos los demás tienen un matrimonio perfecto y sentirse frustrado o derrotado cuando los dos están luchando. Ve lo mejor de lo mejor, una instantánea en el tiempo. Este relato de un matrimonio perfecto es lo que quieren que vea, pero no siempre es la realidad. Elegir qué foto publicar es intencionado, porque están eligiendo qué historia quieren contar a través de las fotos que la gente ve.

RETO #4: PUEDEN CAER EN SER COMPAÑEROS DE PISO

Las parejas no se casan y piensan que la pasión desaparecerá o que, en el futuro, no tendrán mucho de qué hablar excepto de la logística de sus vidas. Nadie piensa que, en algún momento, mirará a su cónyuge y pensará: "Eres un padre increíble, pero no me atraes".

Nadie se casa pensando estas cosas y, sin embargo, el resultado, el síndrome del compañero de piso, es tan común. Puede ocurrir después de tener hijos, o cuando cambian las carreras, o cuando los hijos se van a la universidad. Sin intencionalidad en cada uno de sus 6 Pilares, el síndrome de compañero de piso puede llevar fácilmente a considerar una aventura o el divorcio.

Cuando se encuentra en el síndrome del compañero de piso, es fácil pensar que hay alguien más ahí fuera que puede satisfacer mejor sus necesidades. Es fácil pensar que no pasa nada si acaba con su matrimonio, ya que ambos estarían mejor por ello. Es fácil pensar que todo es culpa de su cónyuge.

El síndrome del compañero de piso se produce cuando no se tiene una actitud intencionada hacia el matrimonio. Es el resultado de no invertir su tiempo, energía o recursos en esta relación. Es una expectativa de que todo estará bien, incluso sin esfuerzo.

RETO #5: EL MATRIMONIO NO SE PARECE A LAS PELÍCULAS

La hora de la verdad. ¿Cuántos de ustedes han visto un romance de Hollywood y han pensado: "Eso es lo que quiero para mi matrimonio", seguido inmediatamente por: "¿Por qué no podemos ser así? ¿Por qué el matrimonio es tan difícil para nosotros?".

Levantaré la mano. En los primeros años de nuestro matrimonio, yo quería el cuento de hadas de Hollywood. Quería que todos nuestros problemas se resolvieran en dos horas, que mi pelo siempre estuviera perfecto, que la iluminación fuera la adecuada y que el guion siempre dijera lo que había que decir.

> La mayoría de las parejas no tienen 276 personas que les ayuden a resolver la historia de amor

Nuestro matrimonio no era (y sigue sin ser) así. Es desordenado e incómodo. A veces no nos vemos lo mejor posible, y a veces decimos las cosas equivocadas.

Ah, y en cuanto a esos finales perfectos y felices de Hollywood... cuando pasen los créditos, verá que hay una media de 276 personas implicadas en la realización de esa película.[1] Es bastante seguro decir que, si tuviera 276 personas que lo ayudaran a elegir las palabras que tiene que decir, a mullir las almohadas, a limpiar la habitación, a maquillarse y a elegir la ropa, el matrimonio también sería mucho más fácil.

La mayoría de las parejas no tienen 276 personas que les ayuden a resolver la historia de amor. No tienen un guion ni un manual;

depende de ustedes dos, y eso a menudo significa que tienen que hacer algo que nunca esperaron tener que hacer: ser *intencionales*.

POR QUÉ LA INTENCIONALIDAD CAMBIA LAS REGLAS DEL JUEGO

Somos intencionales en muchas áreas de nuestras vidas:

- ¿Quiere ponerte en forma? Contrata a un entrenador. Compra una cinta de correr. Se apunta a clases en el gimnasio.
- ¿Quiere mejorar su situación financiera? Empiece a ahorrar. Contrate a un asesor financiero. Invierta en su plan de jubilación.
- ¿Quiere tener un matrimonio extraordinario? ...*grillos*. ¿Cómo lo hace? ¿A quién busca para que lo guíe?

Encontrar el camino hacia un matrimonio extraordinario a menudo puede parecer difícil. Muchas personas me dicen que no creían que el matrimonio fuera tan difícil. Saben que se quieren, pero se resisten a pensar que antes era fácil: antes de tener hijos, antes de trabajar, antes de que los padres envejecieran, antes de que las finanzas fueran escasas, antes, antes, antes.

En las primeras etapas de su relación, se espera que fuera muy intencionado. Tuvo que tomar la decisión de invitar a salir a esa persona (o de decir que sí, si es usted a quien se lo pedían). Pensó muy bien la ropa que iba a llevar. Pensó en lo que harían los dos. Había una curiosidad natural por conocer a la otra persona, por entenderla. Había ganas de hacer cosas con ella y para ella.

Luego llegó la pedida de mano y toda la planificación de la boda.

Los colores.

El pastel.

La comida.

El vestido.

El esmoquin.

Todo fue discutido y planeado y, bueno, intencional. ¿Y por qué? Porque todo *importaba*.

Y entonces, después de dar el "sí, quiero", pasa el tiempo y la vida se vuelve ajetreada y ambos se sienten realmente cómodos el uno con el otro.

A lo largo de todo eso, dejan de trabajar tanto en el matrimonio, en conocer cómo crece y cambia su cónyuge, y es entonces cuando empieza el distanciamiento. Esta deriva es algo de lo que nadie habla, y le lleva a hacerse preguntas como: ¿Estoy con la persona adecuada? ¿Es ésta la relación adecuada para mí? ¿Hay algo mejor ahí fuera? ¿Sería más feliz con otra persona? ¿He amado alguna vez a mi cónyuge?

PARE.

Ha dejado de ser intencional. Usted ha estado en piloto automático, sólo va a través de los movimientos. Se suponía que su matrimonio nunca iba a ser tan-tan. La gente no se casa para tener una vida "OK". Cuando usted elige ser intencional y tomar acción en su matrimonio, usted está demostrando que esta relación es una prioridad, y que su cónyuge es una prioridad.

La intencionalidad cambia las reglas del juego, porque todo el mundo quiere sentirse importante. Una y otra vez en el coaching matrimonial, escucho afirmaciones como:

- Creo que mi cónyuge ya no sabe quién soy.
- Sólo quiero sentirme visto.
- Mi cónyuge no me escucha.
- No recuerdo la última vez que pasamos tiempo juntos de verdad.
- Siento que sólo somos compañeros de cuarto.

Tal vez usted mismo haya dicho estas cosas. Si las ha dicho (o simplemente las ha pensado), quiero que sepa que no pasa nada. Lo entiendo. Mientras viajo con usted a través de este libro, va a ser como sentarse con una amiga, tomando una taza de café. Hablaremos de la intimidad de una manera que probablemente nunca haya escuchado antes, y al final, estará equipado para hacer que su propio matrimonio sea extraordinario.

Este libro no es sólo un libro para leer pasivamente, o para ocupar espacio en la mesilla de noche. Este libro es su momento "Aha". Dentro de estas páginas, se verá a sí mismo y a su matrimonio. Verá dónde está y dónde quiere estar. Y lo que es más importante, verá la esperanza de lo que quiere llegar a ser.

Para empezar, hablemos de lo que es la intimidad... y de lo que no es.

CAPÍTULO 2

LA INTIMIDAD ES MÁS QUE SEXO

La vulnerabilidad no es ganar o perder. Es tener el valor de mostrarse y ser visto cuando NO tenemos control sobre el resultado.

———

Brene Brown

Algunos de ustedes leyeron el título de este capítulo y pensaron: "Sí, claro, Alisa y Tony. ¿Qué quiere decir que la intimidad es algo más que sexo?"

Si preguntáramos a cien personas: "¿Qué es lo primero en lo que piensas cuando oyes la palabra 'intimidad'?", hay una alta probabilidad de que, aunque algunos mencionen la intimidad emocional, cerca de cien de ellos dirían algo relacionado con el sexo. Estamos condicionados a pensar que "sexo" e "intimidad" son palabras intercambiables.

Pero no lo son.

Cuando nos casamos, pensábamos que eran lo mismo. No sabíamos lo que no sabíamos. Pensábamos que, si teníamos relaciones sexuales, estábamos bien.

¿Verdad?

Pero, ¿qué pasa cuando no tienen sexo todo el tiempo, o incluso nada de tiempo? O cuando no se hablan, se guardan secretos y no pasan tiempo juntos. ¿Qué pasa cuando se siente tan cerca como Los Ángeles y París?

> La intimidad en el matrimonio no es sólo sexo

Pasamos más de una década de nuestro matrimonio luchando por entender cómo intimar. Sí, salíamos una noche de vez en cuando y nos íbamos de vacaciones. Desde fuera, parecía que lo teníamos todo junto, tal vez, pero dentro de nuestro matrimonio, se sentía como el desierto del Sahara. Seco y desolado. ¿Por qué nos costaba comunicarnos? ¿Qué pasó con la pareja que amaba pasar tiempo juntos? Es decir, incluso en nuestros peores momentos, seguíamos teniendo relaciones sexuales a veces, así que ¿por qué no parecía que tuviéramos intimidad en nuestro matrimonio?

La intimidad en el matrimonio no es sólo sexo. La idea de que el sexo y la intimidad son lo mismo siempre ha confundido a las parejas. Si realmente lo piensa, la idea de que el sexo y la intimidad son lo mismo no tiene mucho sentido. No puede tener sexo las 24 horas del día, pero puede tener intimidad con su cónyuge durante todo el día.

La verdadera intimidad es la cercanía y la conexión que sólo pueden crearse entre marido y mujer. Es un ser humano multidimensional, así que ¿por qué la intimidad iba a ser unidimensional? ¿Por qué tendría que ver sólo con el sexo?

Muchas veces recibimos mensajes de personas, como usted, que dicen cosas como:
- No puedo entender por qué no estamos más cerca.

- No sé por qué parece que no podemos llevarnos bien.
- Ojalá me sintiera más unido a mi cónyuge.

En el corazón de cada una de estas afirmaciones está el deseo de una conexión más profunda con su cónyuge que no puede conseguir en cualquier parte. No quiere una relación superficial. Usted no quiere ir a través de los movimientos. Quiere ver a su cónyuge y que le vea. Tiene un deseo de conexión y cercanía que incluye el sexo, pero que es mucho más que eso.

¿QUÉ ES LA INTIMIDAD MÁS ALLÁ DEL SEXO?

El sexo es sólo una de las formas en que las parejas pueden intimar entre sí. Cuando "sexo" e "intimidad" se utilizan indistintamente, se están ignorando muchas otras formas de estar cerca y conectado con su cónyuge. Está convirtiendo su relación en unidimensional y ejerciendo mucha presión sobre su matrimonio (y sobre el otro).

También puede intimar con su cónyuge con sus emociones y sus palabras, con la forma en que se tocan, con sus finanzas, con su espiritualidad y con la forma en que deciden pasar el tiempo juntos. Ver la intimidad de este modo cambia su visión del matrimonio y de las posibilidades de su relación.

Cada día tiene que tomar decisiones sobre las palabras que dice, sobre cómo va a gastar su tiempo y su dinero, sobre cómo va a interactuar físicamente con su cónyuge, sobre lo que va a compartir con él, etc. Estas áreas abarcan toda su vida.

En Mateo 19:5, leemos: "Por eso el hombre dejará a su padre y a su madre y se unirá a su mujer, y los dos serán una sola carne".

Convertirse en una sola carne no consiste sólo en mantener relaciones sexuales con su cónyuge, sino en compartir con él todas las partes de sí mismo. Es la elección de ser conocido por otra persona. Es una elección de entrar en un lugar donde puede ser amado por lo que es, por todos los aspectos de usted mismo, tanto las partes de las que está realmente orgulloso como las partes que todavía necesitan trabajo o necesitan ser sanadas. También es una elección saber quiénes son en cualquier estación en la que se encuentren.

Elegir intimar con su cónyuge es elegir darle el regalo de quién es. Es elegir crecer con otro ser humano. No es raro tener dolores de crecimiento. A veces hay que encontrar nuevas formas de hacer las cosas y ajustar la forma de entender dónde se está una vez que se ha llegado a una nueva etapa. A veces supera viejas formas de hacer las cosas y tiene que aprender nuevas maneras de hacer algo. No pasa nada.

Cuando nos casamos, no teníamos hijos. Podíamos ir y venir cuando queríamos. Podíamos irnos un fin de semana. Quedarnos despiertos hasta tarde y dormir hasta tarde. Podíamos hacer lo que quisiéramos, cuando quisiéramos. Descubrimos cómo ser una pareja con dos ingresos, incluso con los retos de trabajar en turnos opuestos o lejos de casa. Éramos solo nosotros dos y pensábamos que éramos normales. Éramos jóvenes y funcionaba. Sí, teníamos problemas de comunicación y peleábamos por el sexo, pero ¿no lo hace todo el mundo?

> Convertirse en una sola carne no consiste sólo en mantener relaciones sexuales con su cónyuge, sino en compartir con él todas las partes de sí mismo

Seis años después, tuvimos nuestro primer hijo. De repente, salir de casa era como una pequeña operación militar. No dormía muy bien y no tomaba el biberón. Me sentía como si estuviera de guardia todo el tiempo. Atrás quedaron los fines de semana de "oye, vamos a descansar" y las mañanas de "vamos a dormir hasta tarde". Ya no podíamos demostrar nuestro amor a la antigua usanza. Habíamos entrado en una nueva etapa y gran parte de la frustración se debía a que no sabíamos cómo mantener la intimidad, la cercanía y la conexión cuando las circunstancias habían cambiado.

Por eso es tan importante comprender que la intimidad es algo más que sexo.

Ahora hemos entrado en otra nueva temporada en la que ese mismo bebé se ha ido a la universidad. La dinámica de nuestro hogar ha cambiado, y estamos de nuevo en una temporada de crecimiento. Estamos aprendiendo a ser intencionales en nuestra intimidad de nuevo.

No importa en qué temporada esté, en su vida o en su matrimonio. Lo que importa es que usted tiene el deseo de aprender todo lo que pueda acerca de cómo ser íntimo, en todas las áreas, con su cónyuge.

Cuando elige darles todo su ser, cuando elige crecer con ellos, lo que ustedes dos crearán será nada menos que extraordinario. Es prepararse para el éxito.

CAPÍTULO 3

PREPÁRESE PARA EL ÉXITO

Toda historia de éxito es una historia de adaptación, revisión y cambio constantes.
———————
Richard Branson

El éxito en el matrimonio no "simplemente sucede". Es el resultado de la conciencia y la acción intencionada. Ser consciente de lo que ocurre en su vida, en la vida de su cónyuge y en el mundo que lo rodea, y actuar para marcar la diferencia.

No puedo decirle cuántas veces estábamos lidiando con una situación en nuestro matrimonio cuando este pensamiento pasó por mi cabeza: "Si Tony pudiera...". Tantas veces he querido que él actuara primero. Otras veces, estaba actuando por terquedad o miedo o incluso sólo por la expectativa de que era su responsabilidad arreglarnos o cambiar lo que estaba haciendo, para que yo pudiera ser más cariñosa/amable/buena. Lo que se le ocurra, lo he pensado.

Perdí mucho tiempo en todas las cosas que pensé que *él* tenía que hacer. Sólo había un problema.

Él no era el único que necesitaba tomar acción en nuestro matrimonio.

Cuando estaba esperando que Tony cambiara, o tomara acción, o fuera primero, no estaba trabajando en la persona más importante que podía cambiar: YO.

Como muchos individuos, no quería tener que enfrentarme a la persona en el espejo y decirle: "¿Qué puedo hacer para cambiar cómo estamos conectando ahora mismo?".

Hasta que no estuve dispuesta a mirar a la mujer del espejo y ser realista con lo que podía hacer, nuestro matrimonio había tocado fondo. Como cantaba Michael Jackson en la canción "Man in the Mirror".

Empiezo por el hombre del espejo. Le pido que cambie su forma de ser.[1]

¿QUÉ PUEDO HACER?
El cambio empieza por usted. Usted tiene que cambiar antes de que su cónyuge pueda o quiera hacerlo. Cuando usted adopta una mentalidad de "¿Qué puedo hacer yo?" en su matrimonio, puede tomar medidas para cambiar cualquier área de su relación.

Cuando pregunta "¿qué puedo hacer yo?", suceden algunas cosas:
- No se centra en lo que su cónyuge necesita cambiar.
- No le dice lo que tiene que hacer.
- No se queja de lo que ocurre.
- No le echa toda la responsabilidad de la relación.

Cuando ambos cónyuges asumen su responsabilidad personal, la dinámica de la relación cambia por completo.

Usted está dando un paso adelante y asumiendo el papel de líder en su matrimonio. Está viendo la relación desde un nuevo enfoque.

Intente asumir la responsabilidad en los siguientes casos:

- Cuando tenga ganas de quejarse, culpar o regañar, hágase la pregunta: ¿qué puedo hacer?
- Cuando las cosas no están yendo como usted quiere que vayan en la relación, hágase la pregunta, ¿qué puedo hacer?
- Cuando piense en planificar una cita nocturna, un fin de semana fuera o las vacaciones familiares, hágase la pregunta, ¿qué puedo hacer?
- Cuando esté evaluando su vida sexual, hágase la pregunta, ¿qué puedo hacer?
- Cuando esté analizando sus finanzas, hágase la pregunta, ¿qué puedo hacer?
- Cuando esté evaluando su intimidad espiritual, hágase la pregunta, ¿qué puedo hacer?

Si se encuentra en una situación en la que es el único en el matrimonio que se está haciendo esta pregunta, es hora de buscar un coach matrimonial. Puede haber varias razones por las que su cónyuge no se haga la pregunta o no asuma su responsabilidad personal. Conseguir ayuda para entender la raíz de este problema cambiará su vida y la de su matrimonio. El cambio empieza por uno mismo, pero se necesitan dos para transformar completamente un matrimonio.

¿QUÉ PODEMOS HACER?

Sí, usted empieza por usted, pero en el matrimonio hacen falta dos. El matrimonio es el deporte de equipo por excelencia. Los mejores matrimonios son equipos de dos personas que tienen puntos fuertes diferentes, que ven el mundo de forma distinta, que pueden aportar ideas nuevas y que pueden responsabilizarse de distintos aspectos de un asunto.

Su cónyuge no tiene por qué ser como usted. Piensan y actúan de forma diferente. Es diferente. Y eso es bueno. Si los dos fueran idénticos, uno de los dos no sería necesario. Esto también significa que tienen que aprender a trabajar juntos para poder responder a la pregunta "¿Qué podemos hacer?".

Muchos de mis clientes de coaching han empezado a trabajar como adversarios en lugar de como compañeros de equipo. El matrimonio no debe ser un tira y afloja en el que cada uno intenta arrastrar al otro al barro. Más bien, el matrimonio tiene más éxito cuando los dos enlazan sus brazos, se ponen del mismo lado y afrontan juntos los problemas.

Cuando hace esto está mirando cada situación y diciendo "¿Qué podemos hacer?". Esta mentalidad reconoce que hay un problema que hay que abordar y resolver. Significa que los dos pueden:

- Buscar soluciones estratégicas.
- Buscar resultados beneficiosos para todos.
- Aprovechar sus fortalezas individuales.

Empezó su matrimonio caminando codo con codo hacia el altar, tomados de la mano, unidos, dispuestos a enfrentarse juntos al mundo. Cuando dice "¿Qué podemos hacer?", trae esa mentalidad al presente. Cada uno de los capítulos que cubren *los 6 Pilares de la Intimidad*® tendrá sugerencias tanto de "¿Qué puedo hacer yo?" como de "¿Qué podemos hacer nosotros?" para ayudarle a actuar en su matrimonio. A la hora de actuar, es importante evitar los errores más comunes.

EVITAR LOS ERRORES COMUNES

No basta con utilizar "¿Qué puedo hacer yo?" o "¿Qué podemos hacer nosotros?" para tener éxito. También hay que ser consciente de los escollos más comunes para el éxito: las expectativas no expresadas, la culpa y los ultimátum. No es raro que aparezcan en un matrimonio cuando hay grietas en cualquiera de *los 6 Pilares de la Intimidad*®. Es importante ser consciente de ellos para poder actuar y detenerlos cuando se produzcan.

DIFICULTAD #1: EXPECTATIVAS NO EXPRESADAS

Todos tenemos expectativas, a veces las expresamos y a veces no. Esto es especialmente cierto en el matrimonio. Son esas expectativas no expresadas las que lo llevan por un camino en el que dirá cosas como:

- Si realmente me amaras, no tendría que decírtelo.
- Llevamos tanto tiempo juntos, deberías saber lo que me gusta, lo que quiero, lo que espero.
- No puedo creer que no sepas eso de mí.

Estas afirmaciones no contribuyen en nada a crear una conexión entre los dos. De hecho, es probable que este tipo de afirmaciones los alejen aún más. Comprométase a expresar sus

> Expresarse con claridad permite a su cónyuge actuar y satisfacer sus necesidades

expectativas, con calma, a su cónyuge. En todos los años que llevo asesorando a parejas, he comprobado que es mucho más fácil para uno de los cónyuges colaborar con el otro y cumplir las expectativas cuando saben cuáles son.

Su cónyuge no puede leerle la mente. Si su cónyuge tiene un momento en el que parece que le lee el pensamiento, no espere que ocurra siempre. Los dos son seres humanos que crecen y cambian. Lo que quiere o le gusta puede variar de un día para otro y de una hora para otra. Por favor, deja de esperar que su cónyuge le lea la mente o sepa exactamente lo que quiere. Le está complicando la vida a ellos y a usted mismo. No es justo para ninguno de los dos, y simplemente provoca frustración, irritación y resentimiento. Expresarse con claridad permite a su cónyuge actuar y satisfacer sus necesidades.

DIFICULTAD #2: CULPA

Es fácil culpar a su cónyuge cuando hay problemas en el matrimonio. Es la naturaleza humana. Si es culpa *suya*, entonces *yo* puedo ser la víctima y *yo* no tengo ninguna responsabilidad por lo que ha pasado. Si es culpa *suya*, entonces le corresponde a *usted* cambiar las cosas.

Lo difícil es reconocer el papel que usted mismo ha jugado en todo esto. Como dice Mateo 7:3-5, *"¿Por qué mira la paja que está en el ojo de su hermano y no se fija en la viga que está en su propio ojo? ¿Cómo puede decir a su hermano: 'Déjame sacarte la paja de tu ojo', cuando todo el tiempo tiene una viga en su propio ojo? Hipócrita, saque primero la viga de su propio ojo, y entonces verá claro para sacar la paja del ojo de su hermano"*.

Este pasaje resume muy bien la culpa en el matrimonio. Es más fácil centrarse en lo que su cónyuge ha hecho o tiene que hacer porque entonces la presión está fuera de usted. Cuando usted hace esto, usted pierde de vista el hecho de que como usted se ha mostrado en el matrimonio también ha tenido un impacto.

Algunos de ustedes han pensado, "Alisa y Tony, ustedes no saben lo que hizo mi cónyuge. Tuvo una aventura. Ha dejado de comunicarse conmigo. Me ha negado el sexo. Por eso lo culpo".

No importa lo que haya sucedido en el pasado; se necesitan dos para crear cada dinámica. No importa el reto al que se estén enfrentando en su matrimonio. Siempre habrá algo que puedan hacer. Para fortalecer cada uno de *los 6 Pilares de la Intimidad*®, usted tiene un papel en el cambio de la situación.

Culpar a su cónyuge no mejora la situación y rara vez obtiene el resultado deseado. Culpar suele conducir a la inacción o a la resistencia. Mirarse en el espejo da resultados.

DIFICULTAD #3: ULTIMÁTUMS

Los ultimátums hacen que la relación sea condicional, en lugar de colaborativa, creando una relación "padre/hijo" o "jefe/empleado" en lugar de una asociación igualitaria. "Cuando hagas X, yo haré Y" significa que está condicionando su comportamiento, o cómo se presenta, al comportamiento de su cónyuge. Y eso no es cierto.

- Usted es un adulto.
- Puede elegir cómo aparecer en el matrimonio.
- Puede elegir su comportamiento.
- Puede elegir sus respuestas.

Su matrimonio no consiste en que se cumplan unas condiciones; consiste en que cada uno de ustedes decida aparecer en la relación, dando el 100% para construir su matrimonio extraordinario. Ahora que está equipado con las preguntas que lo preparan para el éxito y un conocimiento de las trampas comunes, pasemos a *los 6 Pilares de la Intimidad*®.

CAPÍTULO 4

LOS 6 PILARES
DE LA INTIMIDAD®

Invertir en ti mismo es la mejor inversión que jamás harás. No sólo mejorará tu vida, sino también la de todos los que te rodean.
_____

Robin Sharma

Antes de identificar *los 6 Pilares de la Intimidad*®, es importante entender por qué nos referimos a ellos como "pilares". Los pilares son una característica de diseño arquitectónico que se utiliza intencionadamente. ¿Recuerda que antes hablamos de intencionalidad? Parece que nuestra elección de la metáfora de los "pilares" también fue bastante "intencionada".

Los pilares tienen características muy específicas que los hacen perfectos para los edificios y para su matrimonio. Ellos:

- Proporcionan fuerza
- Aportan belleza
- Soportan peso

Lo que es cierto en un pilar para un edificio es cierto en los pilares de su matrimonio. Cuando tiene pilares fuertes, su matrimonio ha añadido fuerza y belleza y es capaz de soportar el peso de las diferentes estaciones del matrimonio.

Cuando nos casamos, no sabíamos lo que se necesitaba para tener un matrimonio fuerte o lo que las parejas extraordinarias hacían para ser tan extraordinarias. Sí, sabíamos que teníamos que hablar el uno con el otro y sí, era importante tener citas. Pero aparte de eso, íbamos sobre la marcha. Nuestro matrimonio no era hermoso, no era fuerte, y definitivamente no teníamos la capacidad de soportar el peso de la vida.

Pienso en todas las veces que no teníamos ni idea y empezamos a desconectarnos bajo el peso de las circunstancias de la vida:

- Viviendo de cheque en cheque, peleando por dinero y esquivando llamadas de acreedores.
- Tony revelando su adicción a la pornografía.
- Nuestro hijo, Andrew, murió a las 18 semanas de gestación.
- Estar tan ocupados que no había tiempo para el otro.

La lista podría seguir y seguir. Pensábamos que era normal que un matrimonio se tambalease después de un par de años. Pensábamos que todos los demás "sonreían y aguantaban" porque nadie hablaba de las cosas difíciles. Supusimos que el matrimonio no debía ser bueno después de la fase de luna de miel.

Estábamos equivocados. En todo. Y como compartimos al principio, esta revelación llegó cuando hicimos el Reto Sexual de 60 Días. Llegó cuando nos dimos cuenta de que el secreto de un matrimonio extraordinario no era sólo buenas conversaciones, noches de cita, y el sexo.

El secreto de un matrimonio extraordinario *son los 6 Pilares de la Intimidad®*.

LOS 6 PILARES DE LA INTIMIDAD®

Entonces, ¿cuáles son *los 6 Pilares de la Intimidad®*? Nos alegra que lo pregunte. Probablemente ya haya identificado un par de ellos, pero vamos a presentarle aquí los seis:

- Intimidad emocional
- Intimidad física
- Intimidad financiera
- Intimidad espiritual
- Intimidad recreativa
- Intimidad sexual

Cada uno de estos pilares, como en la arquitectura, proporciona solidez a su matrimonio, añade belleza a la forma en que los dos interactúan entre sí y con el mundo, y tiene peso cuando se encuentran en diferentes estaciones.

Necesita los seis, no sólo los que le resultan más fáciles. No sólo las que hagan feliz a su cónyuge. Necesita TODAS. SEIS. DE. SEIS.

A medida que aprenda sobre cada una de las seis, se dará cuenta de algunas cosas sobre su matrimonio. Por ejemplo, ahora tendrá un nombre para la conexión y la desconexión en su matrimonio. Ya no tendrá que adivinar para averiguar qué ocurre entre ustedes. Puede que note que usted y su cónyuge gravitan de forma natural hacia un pilar u otro, y habrá momentos en los que los distintos pilares sean más fuertes o más débiles que otros.

Si es capaz de identificar el pilar con el que tiene dificultades, puede buscar formación o educación para fortalecerlo.

La belleza de los pilares es que se convierten en un marco para abordar cualquier área de su matrimonio. En lugar de intentar improvisar después de pronunciar los votos, puede centrarse en estos pilares con el propósito de crear su propio matrimonio extraordinario.

Otra característica de los pilares es que, cuando entienda cuáles son y cómo funcionan en su matrimonio, podrá identificar más rápidamente cuándo hay grietas en un pilar. Una "grieta" en un pilar se manifiesta en la vida real como algún tipo de tensión o desconexión. Las parejas que no conocen o no entienden *los 6 Pilares de la Intimidad*® pueden decir cosas como:

- Nunca podremos arreglar esto.
- Somos tan diferentes.
- No puedo entender por qué no nos llevamos bien.

A menudo, estas afirmaciones, y las emociones que las acompañan (descontento, resentimiento, amargura y tristeza, entre otras), dejarán a las parejas con ganas de poner fin a su matrimonio, con la esperanza de que les vaya mejor con otra persona. Pero no es necesario romper o conformarse cuando se puede aprender a nivelar el matrimonio. No tiene que acabar con algo que se puede arreglar.

Con el conocimiento de los 6 Pilares, las parejas pueden desarrollar un vocabulario para hablar de lo que ocurre en su matrimonio sin culpas ni hostilidad, sino más bien con auténtica preocupación y el deseo de construir un matrimonio más fuerte.

La mayoría de las personas llegan al matrimonio sin tener ni idea de cómo llegar a la fase de "felices para siempre". Cuando se tiene un marco de referencia y se puede identificar dónde se es fuerte y dónde se necesita ser más fuerte, ya no sólo se tiene el sueño de un buen matrimonio, sino que se puede crear un plan para llegar a él.

Muchos recursos matrimoniales hablan de lo que él tiene que hacer o lo que ella tiene que hacer para que el matrimonio sea feliz o satisfactorio. *Los 6 Pilares de la Intimidad*® tratan de equipar a los dos para que trabajen juntos, en lugar de empujarse el uno contra el otro.

El día que pronunciaron sus votos matrimoniales, los dos se unieron al mismo equipo. No importa lo que haya pasado en su matrimonio, no importa lo que haya intentado separarlos, ustedes están en el mismo equipo. *Los 6 Pilares de la Intimidad*® son su plan de juego, la herramienta que utilizarán una y otra vez para fortalecer su comunicación, llevar más risas a su matrimonio, divertirse juntos, superar las temporadas difíciles y estar ahí el uno para el otro para, en última instancia, crear un matrimonio en el que *quieran* estar. Son diferentes, pero ambos quieren lo mismo: crear un matrimonio extraordinario.

UNAS PALABRAS SOBRE ESPOSOS Y ESPOSAS

Antes de abordar individualmente *los 6 Pilares de la Intimidad*®, debemos tener en cuenta que los maridos y las mujeres son diferentes.

Esposos, no pueden esperar que su mujer sea igual que ustedes. Esposas, no pueden esperar que su marido sea igual que ustedes.

Intentar que su cónyuge sea como usted es prácticamente imposible y supone una carga injusta para ellos. Hay mujeres a las que les cuesta conectar emocionalmente con su marido, mujeres que no hablan tanto como los programas de televisión y la cultura popular quieren hacernos creer. También hay hombres que son muy fuertes en su intimidad emocional.

Hombres para los que hablar de sus sentimientos o "usar sus palabras" es fácil. Algunas mujeres tienen un gran deseo sexual, y algunos hombres no. A algunos hombres no les importa mucho el contacto físico, y a algunas mujeres sí. A algunas mujeres les interesan mucho las finanzas, y a algunos hombres no tanto.

Ningún pilar es siempre más fuerte en los hombres o siempre más fuerte en las mujeres. Las intimidades no son masculinas o femeninas. *Los 6 Pilares de la Intimidad*® son el marco para ayudaros a profundizar en la cercanía y la conexión en su matrimonio. Permítase dejar a un lado los estereotipos y considere cómo usted y su cónyuge, personalmente, pueden fortalecer su matrimonio reforzando estos pilares.

Permítase considerar *los 6 Pilares de la Intimidad*® como un marco que les permite a ambos crecer y convertirse en un cónyuge extraordinario que forma parte de un equipo que está creando un matrimonio extraordinario. Lea este libro con la expectativa de lo que es posible.

Tome este testimonio de uno de mis clientes de coaching:

Hoy es nuestro 31 aniversario de boda y el día 47 consecutivo de intimidad sexual, y puedo decir sinceramente que nunca he estado más enamorada de mi marido. Debido a lo que hemos aprendido, los últimos 47 días han sido los más maravillosos que hemos tenido en todo nuestro matrimonio.

Tuve un cambio mental completo y de repente ya no estaba enfadada con mi marido. Hemos hablado más a menudo y más profundamente que nunca. Todo ha cambiado. Antes habíamos hablado de divorcio. Yo no quería eso, pero tampoco quería otros 30 años de lo mismo. Simplemente no sabía cómo arreglarlo.

Había ido a consejeros varias veces y no me ayudaron. A mi marido no le gustaba la terapia porque le ponía a la defensiva. Ninguno de los dos teníamos las habilidades o los modelos para un matrimonio sano. De algún modo, este marco nos ayudó a abrirnos el uno al otro y a comunicarnos como nunca lo habíamos hecho. Sin ira ni dolor, podemos compartir y discutir todos nuestros problemas.

Mi marido solía preguntarme: "¿Por qué "suficientemente bueno" no es suficientemente bueno?"

Más tarde admitió que no sabía lo mal que estaba hasta que supo lo bien que podía estar. Esto es lo que siempre quise y soñé que sería nuestro matrimonio, ¡y ahora se ha hecho realidad! Nunca volveremos a ser como antes.

Hace poco un compañero de trabajo me dijo que querían ser como nosotros cuando llevaran juntos tanto tiempo como nosotros. ¡Qué cumplido!

— L. S. (esposa)

No es una pareja inventada. Se trata de un matrimonio como el suyo, dispuesto a probar algo nuevo, a salir de su rutina, incluso después de más de tres décadas de matrimonio. Es una pareja que se propuso algo y pasó a la acción.

Y todo empezó con una conversación porque, como verá en el próximo capítulo, la intimidad emocional es clave.

CAPÍTULO 5

PILAR #1:
INTIMIDAD EMOCIONAL

Sé lo suficientemente valiente para iniciar una conversación que importe.

———

Anónimo

Emocional. Intimidad.

Esas palabras han puesto una sonrisa en la cara de algunos de ustedes, y otros simplemente se estremecieron.

Algunos de ustedes no pueden esperar a tener más conexión emocional con su cónyuge. Estas dos palabras juntas... es como Navidad. ¿Emociones e intimidad? ¡Hagámoslo!

> La intimidad emocional es el caballo de batalla de los pilares

Otros piensan: "No sé si podré hacerlo. No sé si puedo compartir mis pensamientos y sentimientos. No me siento cómodo con las emociones. Yo no soy así. No soy un gran comunicador".

Pare. Respire.

La intimidad emocional puede aprenderse y compartirse con su cónyuge. No es algo con lo que sólo unos pocos nacen.

En primer lugar, definamos qué es la "intimidad emocional". La intimidad emocional es la cercanía y la conexión que se crean al compartir los sentimientos, pensamientos y deseos del otro. Esto incluye tanto la comunicación verbal como la no verbal.

Es algo más que "¿podemos hablar?". Aunque hablar forma parte de ello.

La intimidad emocional es el caballo de batalla de los pilares. La forma en que se comunicas con su cónyuge, tanto verbal como no verbalmente, afecta a todas las áreas de su matrimonio. La intimidad emocional es la base de los otros cinco pilares.

Existe un deseo innato en todos nosotros de ser conocidos, vistos y valorados, pero a la mayoría de las personas nunca se les enseña a tener conversaciones difíciles en el matrimonio. Tal vez tomó un curso de comunicación en la universidad, leyó algunos libros, o incluso escuchó un par de podcasts, pero toda esa teoría no significa nada cuando se enfrenta a un cónyuge que no se comunica de la misma manera que usted.

Si nos hubieran dicho cuando nos conocimos que este pilar sería un reto para nosotros, probablemente nos habríamos reído. Nos enamoramos hablando de todo y de nada. Nos pasábamos horas conduciendo por Colorado, hablando de nuestras familias, nuestros sueños, nuestras vidas... de todo. Cuando mantuvimos una relación a distancia durante un año, pasábamos horas al día hablando por teléfono. ¿Compartir nuestros pensamientos y sentimientos? Sin problemas.

Un par de años más tarde, estamos casados,

tenemos todo tipo de responsabilidades y no recordamos la última vez que mantuvimos una conversación de verdad. Salíamos por la noche y nos sentábamos a comer, sin conversar. Si hablábamos, era sobre el pago de las facturas o los planes de los niños para el fin de semana.

A veces teníamos una "discusión intensa", es decir, una pelea/desacuerdo/diferencia de opiniones, que ponía de manifiesto nuestros diferentes estilos de comunicación. Una discusión normal se convertía fácilmente en una discusión intensa, ya que cada uno quería exponer su punto de vista y sentirse escuchado. No era raro que yo me apagara como un apagón californiano si empezábamos a discutir. Sin emociones, sin palabras, sólo con los brazos cruzados y cerrada en banda.

¿Le suena parecido a usted o a su cónyuge?

Mi retraimiento llevaba a Tony a animarse más, presionándome para que compartiera más, lo que me hacía querer huir. Todo lo que él quería era resolver el problema, preocupado de que si dejábamos el tema, nunca volveríamos a retomarlo.

Ganaría la terquedad y lo dejaríamos, porque no sabíamos cómo resolver nuestras diferencias. No sabíamos cómo crear intimidad entre nosotros. No sabíamos cómo hacerla segura. Nuestro matrimonio estaba fallando en un área que había parecido tan fuerte cuando estábamos saliendo por primera vez.

Crear intimidad emocional con otro ser humano no es algo que se enseñe normalmente. No encontrará una clase universitaria sobre esto. Va a aprender por ensayo y error, como:

- Si digo esto, ¿cómo responde?
- Cuando está enfadada, ¿qué es probable que haga?
- ¿He hecho de esto un lugar en el que está bien ser vulnerable o sólo estamos siguiendo la corriente?

Para tener un pilar de intimidad emocional fuerte, tiene que saber por qué es tan importante la intimidad emocional.

LO QUE DICE Y CÓMO LO DICE INFLUYE EN SU MATRIMONIO

Cada palabra que usted dice comienza como un pensamiento en su cabeza, lo que significa que no importa si es una palabra negativa o positiva, usted es la primera persona impactada. Esto significa que incluso si usted no dice las palabras que todavía están

Las palabras que dice tienen poder

siendo impactados por ellos, y hay una buena probabilidad de que su lenguaje corporal está mostrando lo que está pensando.

Una vez pronunciadas, se impactan por segunda vez al oírlas. A continuación, impactan en la persona a la que se dirigen y en las personas que están a su alrededor o que las escuchan. Esto significa que lo que le dice a su cónyuge y cómo lo dice es importante.

Las palabras que dice tienen poder. No son inofensivas. No importa lo que sean, impactan a muchas personas aunque estén dirigidas a una sola.

¿Recuerda este dicho de cuando eras pequeño? ¿*"Los palos y las piedras pueden romper mis huesos, pero las palabras nunca me harán daño"*? No es cierto. Ni una pizca.

Algunos de los mayores daños que se infligen en un matrimonio vienen como resultado de las palabras que se dicen. Párese a pensarlo un momento. Cuando reconoce el impacto que sus palabras están teniendo en usted y en su cónyuge se da el poder de elegir algo diferente.

Cuando usted se encuentra en este lugar donde usted está hablando palabras que no están teniendo el impacto deseado en su matrimonio, es hora de cambiar las palabras que usted habla. Siempre hay alguna emoción detrás de los pensamientos hablados. Las palabras no son sólo palabras. Pueden transmitir amor, dolor, rechazo, compasión, frustración y mucho más.

Cuando identifica las emociones que hay detrás de las palabras, puede llegar al meollo de la cuestión. También le permite expresar las cosas con plenitud. Simplemente cambiando las palabras, puede deshacerse de afirmaciones generales. Le permite concretar sus sentimientos más allá del enfado, la rabia o la tristeza. También identifica la causa, lo que les permite a los dos centrarse en lo que se puede cambiar.

QUIÉN, QUÉ, CUÁNDO, POR QUÉ, DÓNDE Y CÓMO

Cada capítulo que trate sobre *los 6 Pilares de la Intimidad*® tendrá esta sección para que puedas entender cómo fortalecer ese pilar específico.

¿QUIÉN?

Esto debería ser obvio, pero se necesitan dos para tener intimidad emocional. Si uno (o los dos) se guarda sus pensamientos y espera, desea o reza para que la otra persona sepa lo que está pensando o sintiendo, no funcionará. Los dos tienen que participar.

Esto también significa que las cosas entre los dos deben quedar entre los dos. Puede ser una pendiente resbaladiza cuando empieza a compartir una conexión emocional con alguien del sexo opuesto que no es su cónyuge. Esposas, tengan a sus amigos. Esposas, conecten con sus amigas. Pero no empiecen a recurrir a otro hombre o mujer para satisfacer sus necesidades emocionales.

¿QUÉ?

¿Qué debe comunicar a su pareja? La respuesta rápida es "todo". Un matrimonio extraordinario no consiste sólo en hablar de la logística de la vida. Las parejas extraordinarias conectan en las pequeñas cosas y en las no tan pequeñas. Su matrimonio necesita conversaciones sobre cómo es su agenda y cuánto se quieren. Su matrimonio prosperará cuando sea un lugar seguro para hablar de sus miedos y preocupaciones, así como de sus sueños y éxitos. Aprender a compartir todas las áreas de su vida es clave porque si le afecta a usted, afecta a su cónyuge y a su matrimonio. Un matrimonio no funciona bien cuando no es capaz de ser vulnerable y compartir con su cónyuge. Desarrollar la capacidad de compartir todos los aspectos de su vida puede lograrse, y su mundo será mucho mejor cuando así sea.

¿CUÁNDO?

El momento es clave en el matrimonio. Cuando se trata de construir su Pilar de Intimidad Emocional, necesita pensar en todos los diferentes momentos en los que pueden conectarse. Puede que sepa que la mañana es el mejor momento para que los dos tengan un tiempo tranquilo para conectar, o después de que los niños se acuesten. Puede que cada vez que su cónyuge se le pase por la cabeza a lo largo del día, le envíe un mensaje de texto o le haga una llamada rápida. Puede que el trayecto de vuelta a casa sea el momento perfecto para que los dos se pongan al día. Lo más importante es desarrollar un ritmo que funcione para los dos.

Ahora bien, en lo que respecta a las conversaciones más importantes, es posible que haya que pensar un poco más en el "cuándo". Puede ser difícil escuchar "Hablemos" a las diez de la noche o cuando sale corriendo para llegar tarde al trabajo. Intentar conectar cuando se tiene hambre o se está cansado o justo después del trabajo puede suponer un estrés excesivo para el matrimonio. Para las conversaciones que puedan ser más emotivas, fije un momento en el que ambos puedan estar alerta y plenamente comprometidos. Incluso pueden decidir tener un tiempo regular semanalmente para discutir lo que está pasando en el matrimonio.

Nota rápida: Efesios 4: 26-27 nos dice: "En vuestra ira no pequéis" (4:26-27). No deje que se ponga el sol mientras sigue enojado, y no le dé pie al diablo".

Lo ideal sería no acostarse nunca enfadado. Sin embargo, si los dos se encuentran a altas horas de la noche en una conversación que parece ir en círculos, puede deberse a que están agotados y no pueden pensar con claridad. Si uno de los dos se da cuenta de ello, pide un tiempo muerto para poder dormir un poco y programar un momento para retomarlo al día siguiente. Asegúrese de cumplir este compromiso con su cónyuge; cuando se cumple, se genera confianza.

¿POR QUÉ?

Mientras viva, seguirá creciendo y cambiando. Esto significa que las cosas que le importan, las que le preocupan y las que le emocionan también cambian constantemente. Para saber quién es su cónyuge ahora, necesita mantener una conexión emocional con él. Su matrimonio debe ser el lugar más seguro del mundo para que su cónyuge crezca y comparta su crecimiento con usted.

También es importante darse cuenta de que este tiempo que usted elige para conectarse con su cónyuge construye su matrimonio. Si alguno de los dos está demasiado ocupado para conectarse emocionalmente con el otro, con el tiempo la falta de tiempo los separará.

¿DÓNDE?

Nos resulta muy divertido responder a esta pregunta. Durante décadas, parecía que la respuesta más común a esta pregunta era "sentados a la mesa, uno frente al otro, mirándose a los ojos".

Hmm, no. Eso no siempre funciona. Puede tener conversaciones significativas en la mesa de la cocina, pero también puede tenerlas en el coche, paseando por el barrio, sentado en el parque, incluso en su habitación.

Una cosa sobre el lugar que elija para mantener sus conversaciones: si un lugar en particular ha estado cargado emocionalmente en el pasado, le animamos a que pruebe con otro lugar. Por ejemplo, si ha intentado hablar de su vida sexual en su cama/dormitorio por la noche y no ha ido muy bien, la próxima vez, intente sacar el tema en un paseo. O si siempre hablan de su intimidad financiera en el despacho de casa o en la mesa de la cocina, prueben sentarse en el sofá de la sala de estar. Tal vez se haya encontrado discutiendo sobre la paternidad en la cocina o sentados en el sofá, ésta podría ser una buena ocasión para ir a la habitación y alejarse de los niños. No hay ninguna regla que diga que todas las conversaciones deben tener lugar en el mismo lugar, independientemente del tema.

¿CÓMO?

La pregunta del millón: ¿cómo se construye la intimidad emocional? Empiece por tomar una decisión sobre este pilar. No importa dónde haya estado su intimidad emocional, ¿dónde está dispuesto a llevarla? En un capítulo anterior hablamos de "¿Qué puedo hacer?". Puede tener intimidad emocional con su cónyuge.

Primero, considere el hecho de que la intimidad emocional es multifacética. Es toda su comunicación verbal y no verbal. No se trata sólo de lo que dice, sino también de su tono de voz y de lo que comunica su cuerpo.

Sus palabras tienen poder. Las palabras que elija para comunicárselas a su cónyuge permanecerán con él mucho más allá de la conversación. También es importante cómo las dice. Muchos de mis clientes de coaching hablan del tono de voz de su cónyuge. La próxima vez que estén conversando, párese a pensar: "¿Cómo sueno ahora mismo?". Si su tono de voz no resulta atractivo para su cónyuge, haga una pausa, reagrúpese y vuelva a intentarlo. Por último, después de observar su tono de voz, fíjese en su lenguaje corporal. ¿Expresa su cuerpo que su cónyuge y su punto de vista son importantes para usted, o no tanto? ¿Demuestra interés o aburrimiento? ¿Expresa amor o disgusto?

Todo ello contribuye a reforzar el pilar de la intimidad emocional.

UN RETO HABITUAL:

"No me gusta hablar. No me gusta compartir mis sentimientos. Mi cónyuge quiere hablarlo todo".

A menudo, en el matrimonio hay una persona a la que le gusta hablar más que a la otra. Es normal, pero puede suponer un reto. Algunas personas son procesadores verbales: procesan la información hablando de ella. Otras son procesadoras internas: prefieren pensar las cosas mentalmente. Uno no es mejor que el otro, simplemente es diferente.

No tiene que usar 10.000 palabras al día para tener una fuerte intimidad emocional en su matrimonio. No tiene que compartir cada fluctuación de sus emociones para tener intimidad emocional con su cónyuge. Puede crear sistemas que funcionen para los dos, sistemas que sean cómodos.

Esta es la historia de uno de mis clientes de coaching:

Llevaban 39 años casados y cada vez estaban más distanciados. Con los niños fuera de casa, horarios de trabajo opuestos y sin lenguaje ni tiempo para expresarse, se sentían como si fueran compañeros de piso. Los sentimientos, por ambas partes del matrimonio, habían estado reprimidos durante años. El marido se consideraba un hombre de pocas palabras. Al crecer, le enseñaron que los hombres no expresaban sus sentimientos. El problema era que su mujer deseaba desesperadamente esa conexión emocional con su marido. Él no sabía cómo iba a superar este reto, pero sabía que no quería seguir haciendo lo que había estado haciendo.

> Lo que usted piensa es importante para la salud del matrimonio

Cuando empezaron a trabajar en su matrimonio, él tomó la decisión de aprender sobre las emociones y lo que sentía en cada momento. Este es un ejercicio que suelo sugerir a mis clientes. Tiene que saber lo que siente antes de poder compartirlo con su cónyuge. Tiene que entender cómo le afectan esas emociones para poder entender cómo afectan a su cónyuge. Esta pareja optó por un recurso llamado rueda de emociones. Esta herramienta le permitió empezar con una emoción base, como la ira, y seguir la rueda para concretar. En lugar de limitarse a estar enfadado, aprendió lo que significa estar irritado o inseguro. Esas sutilezas le permitieron utilizar sus palabras para conectar con su mujer de una forma más significativa. Su voluntad generó una transformación increíble.

Tiene que estar dispuesto a ser vulnerable y a compartir lo que le pasa por dentro. Sus pensamientos son importantes para su cónyuge. Lo que usted piensa es importante para la salud del matrimonio.

GRIETAS EN EL PILAR DE LA INTIMIDAD EMOCIONAL

Tal vez no esté seguro de si usted y su cónyuge tienen una buena intimidad emocional.

A veces es más fácil reconocer cuándo no tienen intimidad emocional o, en otras palabras, cuándo hay grietas en este pilar.

Piensen en cómo se comunican:

- En una discusión, ¿es habitual que uno de los dos se apague (como un apagón)?
- ¿O que se enfade de forma explosiva (como un volcán)?
- ¿Es normal que haya palabrotas o insultos entre ustedes?
- ¿Es habitual que uno de los dos abandone una conversación?
- ¿Alguno de los dos amenaza con el divorcio?
- ¿Alguien se guarda las emociones/las penas/las decepciones dentro hasta que todas salen a borbotones?
- ¿Sigue apareciendo el pasado en las conversaciones?
- ¿Evita ciertos temas porque "nunca salen bien"?
- ¿Usted o su cónyuge se guardan secretos?

No es necesario que se den *todas* estas situaciones en su matrimonio para que haya grietas en su intimidad emocional. La presencia de *cualquiera* de ellos es un indicador de que su Pilar de Intimidad Emocional necesita ser fortalecido.

La toma de conciencia es sólo el primer paso.

¿Qué aspecto tiene un pilar fortalecido? Imagine crear un matrimonio en el que:

- Es capaz de tener conversaciones abiertas, honestas y transparentes.
- Se siente seguro siendo vulnerable y compartiendo sus pensamientos y sentimientos con su cónyuge.
- La conversación fluye de un lado a otro.
- Su lenguaje corporal transmite que está interesado y dispuesto a escuchar a su cónyuge.

Puede mostrar autocontrol en su tono de voz y en las palabras que elige.

A continuación, hay un testimonio de uno de mis clientes que luchaba con la intimidad emocional:

Si no lo hubiéramos tenido a usted para escucharle, seguramente hoy no estaríamos juntos. No sabíamos a quién acudir ni qué hacer. Durante años, luchamos con nuestra comunicación y parecía que nos topábamos con los mismos problemas una y otra vez.

¿Qué ha cambiado las cosas?

Ser abiertos y sinceros el uno con el otro. ¡Nuestra comunicación ha dado un giro radical!

Antes me aterrorizaba sacar a relucir hasta la cosa más insignificante que me molestaba. Sudaba y me daban ataques de ansiedad sólo de pensar en sacar el tema. Entender que estaba bien programar un tiempo para hablar y que podíamos tomarnos un descanso si empezaba a sentir que todo era demasiado, me facilitó poder mantener una conversación.

Con el tiempo, he desarrollado la capacidad de acudir a mi marido y hablarle con calma de lo que me molesta. Puede que no encontremos una solución allí mismo, pero retomaremos la conversación unos días más tarde con la mente fresca. A mi marido le costaba mucho retomar las conversaciones para asegurarse de que habíamos terminado al día siguiente. No entendía que la falta de resolución me preocupaba y angustiaba más. Ahora, se me acerca y me pregunta si tenemos que hablar más o si estoy satisfecha con nuestra conversación de días anteriores.

Nos faltaba mucha intimidad emocional, pero ahora que la estamos construyendo cada día más, me siento más segura de nuestra relación y de nuestro matrimonio.

— S. R. (esposa)

PRIMEROS PASOS

A lo largo de este libro, nos oirá hablar de "pasos de bebé". En coaching, explico a mis clientes que los bebés no nacen sabiendo correr: primero tienen que aprender a darse la vuelta, luego a gatear, luego a ponerse de pie, luego a dar un paso, luego a andar y luego a correr. En cada uno de esos puntos hay momentos de frustración, momentos en los que parece que no van a ninguna parte, momentos en los que no se ve ningún progreso... y, sin embargo, cada día el bebé se hace más fuerte, desarrolla más conocimientos, intenta cosas distintas.

Esto es cierto para un bebé, y es cierto para el matrimonio.

En cada una de estas intimidades, tendrá pasos de bebé, pequeñas acciones que puede tomar para fortalecer un pilar en particular. ¿Cruzará la línea de meta con estos pequeños pasos? Aún no. Pero con constancia y compromiso, creará el matrimonio más extraordinario.

Fortalecer la intimidad emocional requiere valor porque requiere vulnerabilidad. La vulnerabilidad se aprende siendo un espacio seguro para que su cónyuge comparta y trabajando con su cónyuge para crear un espacio seguro en el que puedan compartir.

Antes de que los dos puedan trabajar en esto, es importante que sean conscientes de cómo se comunican.

- ¿Quiero hablar de todo o hablar de muy poco?
- ¿Me siento cómodo planteándole cualquier cosa a mi cónyuge, o hay ciertos temas que tiendo a evitar?
- Si es así, ¿cuáles son esos temas?
- ¿Cómo respondo cuando me siento presionado o atacado?
- ¿Quiero quedarme en una discusión y resolverla, o prefiero huir y dejar que todo pase?

Estas preguntas son sólo el principio para construir su intimidad emocional. Aunque es más fácil culpar a su cónyuge y decir: "Tú eres la razón por la que actúo así", es más útil darse cuenta de la verdad: que cada uno tiene sus propios patrones. Reconocer primero sus patrones puede convertirse en el catalizador de la curación, la conexión y la capacidad de su cónyuge para reconocer sus propios patrones.

¿QUÉ PUEDO HACER?

- Define lo que significa para mí la intimidad emocional. Uno de los mayores retos a los que se enfrentan las personas en un matrimonio es que, aunque utilicen las mismas palabras, tienen definiciones diferentes. Puede tratarse de una pequeña diferencia, pero incluso las más pequeñas diferencias de significado pueden crear desconexión.

- Busque una rueda de emociones y empiece a identificar lo que siente en cada momento. Puede buscar en Google "rueda de emociones" o en Amazon, ya que hay muchas diferentes. Lo mejor es encontrar una que le resulte visualmente atractiva. Puede que tenga que sacar un diccionario o buscar en Google una definición para asegurarse de que sabe exactamente lo que significa una palabra. Cuanto mayor sea su vocabulario emocional, más fácil le resultará compartir con su cónyuge lo que le ocurre exactamente.

- Identifique cómo le gustaría que su cónyuge se comunicara con usted. ¿Le gustaría que su cónyuge le preguntara si es un buen momento para hablar? ¿Le facilita la comprensión de lo que ocurre si le da toda la información de fondo o necesita que vaya directamente al grano? ¿Le importa que le interrumpan para hacerle una pregunta? Pregúntese: ¿cuándo siento la mayor disposición a entablar una intimidad emocional?

¿QUÉ PODEMOS HACER?

- Compartir las mejores formas de comunicarse y conectar durante el día. ¿Es más fácil enviar mensajes de texto? ¿Llamar por teléfono? ¿FaceTime? ¿Está demasiado ocupado por la mañana o después del trabajo? ¿Qué funciona para los dos?
- Establezca como prioridad la conexión diaria y semanal. Algunas sugerencias: fije un día/hora concretos en el calendario, siéntense juntos durante el café de la mañana o en la mesa después de cenar. Saber que hay tiempo para hablar aportará seguridad a la relación. No se preguntará cuándo *podría ocurrir*, sino que sabrá cuándo va a ocurrir.
- Haga preguntas aclaratorias. A menudo, cuando su cónyuge empieza a compartir algo, especialmente si es algo que le entristece o enfada, puede haber otras emociones bajo la superficie. En lugar de responder a lo primero que dice, pregúntele: "¿Puedes darme más detalles sobre por qué te sientes así? Siempre puede

seguir con "Cuéntame más sobre eso". O: "¿Por qué fue importante para ti?". Cuanto más sepa sobre lo que le pasa a su cónyuge, más podrá conectar con él para construir su matrimonio.

PENSAMIENTOS DE TONY

Cuando Alisa se apagaba, me sentía frustrado, insignificante y herido. Estábamos en un momento de diálogo intenso y luego me cerraba para averiguar qué le pasaba y cómo arreglar la situación. Era irritante tratar con Alisa cuando se ponía así.

Nada de lo que yo hacía o decía podía romper el muro que había levantado entre nosotras. No entendía por qué no se comprometía. Pensaba en el peor de los casos: que nos divorciáramos. Aquí estaba el amor de mi vida, la mujer con la que juré estar casado hasta que la muerte nos separara, y ya ni siquiera podíamos mantener una conversación.

Cuando se callaba, era como si dijera que mis pensamientos no eran importantes. Tenía que ser a su manera o simplemente evitaría las circunstancias. Parecía manipulación o control.

Lo que yo había visto mientras crecía era que, si había un problema, se solucionaba.

Crecí en una gran familia italiana en la que se hablaba de todo. Por el tono de voz, a veces era difícil saber si se trataba de una discusión o de una pelea, pero nunca terminaba sin algún tipo de resolución.

Estar casado con una mujer que no afrontaba las cosas de la misma manera era muy difícil. Lo que yo no sabía era que ella había vivido algo muy diferente mientras crecía. En su casa, era habitual cerrarse cuando había una discusión. Estas dos diferencias determinaban cómo nos enfrentábamos cuando teníamos nuestros propios malentendidos.

Nuestro baile de discusiones continuó durante muchos años. El mismo resultado se repetía una y otra vez. Y entonces nos dimos cuenta. Vivíamos nuestras vidas basándonos en las que habíamos visto mientras crecíamos. Pero este era nuestro matrimonio, y necesitábamos fortalecer nuestra intimidad emocional.

Este era el momento en que cada uno de nosotros tenía que asumir la responsabilidad de sus propios comportamientos y acciones hacia el otro. Creer que podíamos fortalecer nuestra intimidad emocional fue el primer paso hacia un matrimonio sano y próspero.

Ha sido un viaje hasta este lugar donde nuestro Pilar de Intimidad Emocional es fuerte. Usted puede hacer lo mismo. Las herramientas que compartimos no solo han impactado nuestras vidas sino las de miles de parejas alrededor del mundo. Usted también puede utilizarlas para fortalecer su intimidad emocional.

Con esta conciencia de la intimidad emocional, hablemos de la intimidad física en el próximo capítulo.

CAPÍTULO 6

PILAR #2:
INTIMIDAD FÍSICA

Tócame cuando te lo pida. Tócame cuando tenga miedo de pedírtelo. Tócame también con tus labios, con tus manos, con tu corazón.

———

Anónimo

La intimidad física es otro aspecto que puede hacer tropezar a las parejas. La mayoría de la gente utiliza la expresión "intimidad física" e "intimidad sexual" indistintamente, pero estas dos intimidades son muy diferentes.

Se puede tener intimidad física sin intimidad sexual, pero es prácticamente imposible tener intimidad sexual con su cónyuge sin algún aspecto de intimidad física.

La intimidad física es la cercanía y la conexión que se crean a través de las caricias. Puede incluir tomarse de la mano, besarse, abrazarse, masajearse la espalda, frotarse los pies o cualquier otra caricia no sexual que responda a la pregunta: "¿Cómo me gusta que me toquen y cómo le gusta a mi cónyuge que le toquen?".

Es fascinante comparar las primeras etapas de nuestra relación con los primeros años de nuestro matrimonio, sobre todo después de tener hijos.

Tardamos poco más de dos semanas en conocernos y en darnos nuestro primer beso. El primer verano que estuvimos juntos nos tomábamos de la mano, nos acurrucábamos juntos y nos abrazábamos siempre que salíamos. Éramos una pareja inseparable.

Luego llegó el matrimonio y los bebés.

Durante los primeros años de matrimonio, nuestros horarios nos tenían en turnos opuestos o trabajando tantas horas que apenas teníamos tiempo para estar juntos. En lugar de acurrucarnos juntos en el sofá, nos sentábamos en lados opuestos para poder "relajarnos". En lugar de darnos un abrazo largo o un beso profundo, nos conformábamos con un abrazo rápido o un besito en la mejilla. Nuestro pilar de intimidad física estaba en un lento declive.

Ese declive se aceleró con el nacimiento de nuestros hijos. Nuestros hijos nacieron con tres años de diferencia, y entre el embarazo, la lactancia y tener a un niño pequeño encima de mí durante la mayor parte de los seis años, me sentía completamente quemada. En esta época, Tony se me acercaba al azar e intentaba abrazarme o tomarme de la mano y yo le apartaba, molesta porque otra persona más en casa quería algo de mí. Me costaba dar besos y abrazos a nuestros hijos y me frustraba que Tony quisiera lo mismo de mí. Y en aquel momento no sabía cómo compartir esto con Tony.

En el último capítulo, compartí que el Pilar de la Intimidad Emocional es el caballo de batalla de *los 6 Pilares de la Intimidad*®. ¿Por qué? Porque cuando está lidiando con cualquiera de los otros cinco, como su Pilar de Intimidad Física, como lo maneja a menudo sale en cómo se comunica. Por ejemplo, cuando Tony intentaba tocarme de alguna manera, yo solía gritar: "¡Deja de tocarme! No sabes lo que es que alguien te esté tocando todo el día. No quiero que me toques". En un día especialmente malo, me limité a poner los ojos en blanco y soltar un enorme suspiro. Definitivamente, no fue uno de los mejores momentos de nuestro matrimonio.

No sabía cuánto importaba realmente este pilar.

Lo que no sabía era que para Tony, nuestra intimidad física le transmite que él importa, que yo lo veo y lo deseo, que él es importante para mí. Cuando este pilar se resquebrajó en nuestro matrimonio, fue fácil para él pensar que para lo único que servía era para ser proveedor y padre. Y aunque estas cosas son importantes, para él era más importante que yo lo viera primero como un hombre y como mi marido. Reconocer que su deseo de intimar físicamente no desapareció porque tuviéramos hijos.

Esta fue una *gran* lucha para nosotros.

Cuando me quejaba de que me sentía "quemada", pensaba que Tony sólo quería tocarme porque quería sexo (lo cual no era cierto). Ninguno de los dos sabía cómo verbalizar que este pilar tenía grietas o cómo queríamos que nos tocaran. No hablábamos del problema ni buscábamos una solución, sólo nos quejábamos de lo que estaba mal.

Él sabía que yo era capaz de establecer una conexión física, lo veía con los niños, lo veía cuando abrazaba fácilmente a mis amigos. Eran acciones muy intencionadas. Esto significaba que yo tenía que llevar ese mismo nivel de intencionalidad a nuestro matrimonio. Tenía que ser intencionada a la hora de tocarle y receptiva a sus caricias. No es una calle de un solo sentido. Tuve que llegar a un punto en el que pudiéramos hablar de las caricias que eran significativas para ambos. Cuanto más podíamos compartir, más éxito teníamos.

Recuerdo que durante el Reto Sexual de 60 días e incluso después tuvimos muchas conversaciones sobre el significado de la intimidad física para Tony. A decir verdad, esta sigue siendo una conversación en nuestro matrimonio hoy en día. Para mí, no es una respuesta automática. De hecho, tengo que pensar conscientemente en tocarle. Por ejemplo, a él le encanta tener mi mano apoyada en su muslo cuando conduce. Cuando nos sentamos en el coche, esto es lo que pasa por mi cabeza:

- Tony está conduciendo.
- Le gusta que estire la mano y la apoye en su pierna mientras conduce.
- Estira la mano y apóyala en su pierna.
- Hazlo.

> Su cuerpo está diseñado para tocar y ser tocado

En mi caso, me tomé el tiempo necesario para entender que esto era muy importante para mi marido y que, si era importante para él, tenía que encontrar la manera de que funcionara para los dos. ¿Le sigue pareciendo raro que tenga que pensar en ello? Sí. Pero no pasa nada, porque cuando pienso en ello, él consigue lo que quiere: una mujer capaz de intimar de esta manera.

LO QUE TRANSMITE LA INTIMIDAD FÍSICA

Este pilar es importante por lo que el tacto físico puede transmitir a otra persona. El tacto de un ser querido, especialmente de su cónyuge, transmite seguridad y pertenencia. Aporta una sensación de paz.

Su cuerpo está diseñado para tocar y ser tocado. Desde el primer momento en que nace un bebé, se anima a los padres y cuidadores a tocarlo para transmitirle amor y nutrirlo. Esto no termina cuando nos hacemos adultos. Usted fue diseñado para la intimidad física con su cónyuge. Sus cuerpos encajan. La motivación para tener intimidad física proviene de un deseo innato de conectar con su cónyuge.

Piense en la primera vez que se conocieron. En la mayoría de las relaciones, hubo un momento especial en el que se tomaron de la mano o se besaron por primera vez. Hubo abrazos al saludarse o al marcharse. Se tomaban de la mano mientras paseaban por el parque o se acurrucaban en el sofá.

El tacto suele ser parte integrante de las primeras fases de una relación. Suele ser una de las primeras formas de expresar interés o deseo. ¿Cómo conectaron sus cuerpos? ¿Qué sentía al tocar a su pareja? ¿Cómo le hizo sentir su tacto?

Con el paso del tiempo, los niños, el estrés de la vida, los diferentes horarios, etc., la intimidad física suele ser una de las primeras áreas en las que las parejas experimentan desconexión. Por ejemplo, tal vez haya notado una o más de las siguientes cosas:

- Sus besos han pasado de ser sesiones de besos de infarto a apenas un beso en la mejilla. ¡El 73% de las parejas de la Familia UNO dijeron que sus besos eran un picoteo rápido![1]
- Donde antes se acurrucaban en el sofá para ver una película, ahora se encuentran en extremos opuestos sin tocarse en absoluto.
- En lugar de tomarse de la mano o rodearse con brazos, caminan uno al lado del otro sin tocarse en absoluto.
- Se siente raro extender la mano o el brazo sobre su cónyuge debido a la tensión que existe entre ambos.

Sin intimidad física, su matrimonio puede parecer una relación entre compañeros de piso. Son dos personas que comparten la misma casa y las mismas responsabilidades y, sin embargo, no tienen nada que les diferencie como pareja casada.

¿QUIÉN, QUÉ, CUÁNDO, POR QUÉ, DÓNDE Y CÓMO?

¿CÓMO?

Ustedes dos. No puede tener un contacto significativo cuando está solo. Es imposible darse un abrazo o un beso en la frente. No puede tomarse de la mano o darse un masaje en la espalda. Hacen falta dos. Cuando los dos eligen comprometerse con su Pilar de Intimidad Física, están eligiendo tocar a la persona a la que le dijo "sí, quiero". Eso es muy importante.

¿QUÉ?

A algunas personas les gustan los abrazos de oso y otras quieren que su cónyuge se acerque por detrás y las envuelva en sus brazos. A otros les gustan los masajes en la espalda. A algunos les gusta que les froten los pies y a otros un buen masaje en la espalda. Tomarse de la mano hace que algunas personas se sientan conectadas, mientras que otras prefieren que les den un beso en la frente. ¿Qué caricias les importan más a usted y a su cónyuge?

> Las caricias amorosas reducen el cortisol, la hormona del estrés, y aumentan la oxitocina, la hormona del amor

La mayoría de la gente no se da cuenta de que las caricias físicas que prefiere una persona pueden cambiar con el tiempo y en las distintas etapas del matrimonio. Lo que es importante para una recién casada puede no serlo para una madre de niños pequeños. Lo que hace que un marido se sienta conectado cuando está estresado puede no ser el mismo tipo de caricias que más desea cuando está de vacaciones. Aprender qué caricias le importan más a su cónyuge es un viaje para todo el matrimonio. No dé por sentado que lo que antes funcionaba sigue funcionando. Mantenga una conversación continua con su cónyuge sobre cómo puede crear intimidad física con él.

¿CUÁNDO?

En toda intimidad, el momento es importante. La intimidad física no es diferente. ¿Cuándo es importante que su cónyuge se sienta físicamente unido a usted? ¿Es ese abrazo o beso prolongado antes de salir a trabajar? ¿Le gusta acurrucarse antes de acostarse? ¿Se le dibuja una sonrisa en la cara cuando se toman de la mano mientras pasean por la playa? ¿Hay momentos en los que la intimidad física hace que su cónyuge se sienta incómodo, quizá delante de sus padres o de los niños? Todas estas son preguntas que deben plantearse el uno al otro. Recuerde que los dos son personas que crecen y cambian. El momento en que les gusta tener relaciones físicas puede variar a lo largo del matrimonio. Nada está escrito en piedra.

¿POR QUÉ?

Un recordatorio más: su cuerpo y el de su cónyuge fueron diseñados para el tacto. De una forma muy real, nunca se supera esa necesidad. Con el tiempo puede parecer diferente, pero sigue siendo una necesidad importante. La intimidad física hace mucho por su matrimonio. Las caricias amorosas reducen el cortisol, la hormona del estrés, y aumentan la oxitocina, la hormona del amor. La intimidad física reduce los niveles de estrés.[2] Los matrimonios en los que la intimidad física es fuerte manifiestan una mayor satisfacción tanto en el matrimonio como en la vida.[3] ¿Por qué? Porque cuando usted y su cónyuge se tocan, existe una sensación de pertenencia, de conexión, de ser la persona del otro. El tacto se convierte en otra forma de comunicar su amor a su cónyuge. Piénselo... en un mundo en el que la mayoría de la gente sólo se siente cómoda con un apretón de manos o un abrazo rápido, el contacto físico entre los dos transmite una profundidad a la relación que sólo los dos tienen.

¿DÓNDE?

El "dónde" de la intimidad física puede referirse a dos cosas diferentes: ¿en qué parte de su cuerpo le gusta que le toquen y dónde, geográficamente, se siente más cómodo intimando físicamente?

Empecemos por el lugar del cuerpo. Cada persona es única, lo que significa que hay lugares específicos en su cuerpo donde el tacto aumenta la sensibilidad y la conexión, y otros lugares donde, eh, no tanto. Lo mismo ocurre con su pareja. No dé por sentado que porque a usted le guste que le toquen una zona concreta de su cuerpo, a su pareja también le va a gustar. Pregúntele y hágale caso. A mí me encanta que me masajeen la cabeza, pero a Tony no tanto. A Tony le encanta que le ponga la mano en la pierna mientras conduce. Cuando conduzco yo, su mano en mi pierna no es tan importante. Averigüe dónde le gusta a su cónyuge que lo toquen: pregúnteselo directamente. No adivine.

En cuanto a los lugares, la intimidad física depende del "qué" y del "cuándo". Algunas parejas se sienten cómodas intimando físicamente estén donde estén, mientras que otras lo reservan para casa. No hay una respuesta correcta o incorrecta sobre dónde pueden tener intimidad física, siempre que estén seguros y en un lugar donde sea legal hacerlo. Lo que importa es que lo hablen y tengan un plan que funcione para su matrimonio.

¿CÓMO?

Para algunos será tan sencillo como acercarse a su pareja para tocarla. Para otros, empezará con la conversación sobre el contacto. Según lo que hayan experimentado anteriormente en la intimidad física, puede haber áreas que necesiten ser sanadas y trabajadas para que este pilar se fortalezca en su matrimonio.

Todo el mundo tiene una historia en lo que se refiere a cómo toca y cómo le han tocado. Actualmente están escribiendo su presente y su futuro. No hay necesidad de complicar las cosas. Empiece por donde está ahora mismo y pase a la acción.

UN RETO COMÚN:

"No soy susceptible".

No todo el mundo lo es. Pero no nos quedemos tan atrapados en la identidad. ¿Cómo quiere aparecer en su matrimonio? ¿Para su cónyuge? Tal vez usted no creció con padres que eran físicamente afectuosos, por lo que nunca ha sido testigo de lo que parecía, o tal vez el tacto no es una necesidad tan profunda para usted. No tiene que ser "sensiblero" para tener una fuerte intimidad física en su matrimonio. No hace falta que estén el uno encima del otro las 24 horas del día para que este pilar sea fuerte. Los dos pueden hacer que este pilar sea fuerte comunicándose y desarrollando lo que funciona para ustedes.

Recuerden que no tienen por qué comparar su matrimonio con el de los demás. Las parejas extraordinarias descubren lo que les funciona.

Trabajo con muchas parejas para las que esto supone un reto. Hay una historia que llama la atención:

Esta pareja, casada desde hacía casi treinta años, acudió al coaching tras descubrirse una aventura. Sabían que no querían divorciarse, pero no estaban seguros de poder seguir casados. ¿Uno de los mayores problemas? Durante años, la mujer le había dicho a su marido que ella no era susceptible. El tacto no le importaba tanto, así que no consideraba necesario dar ningún tipo de intimidad física a su marido. El problema era que él seguía queriéndola y la ausencia de intimidad física en el matrimonio había abierto la puerta a que otra mujer satisficiera esa necesidad.

En el proceso de reconstruir el matrimonio y restablecer el contacto, nos centramos en el pilar de la intimidad física. En las sesiones de coaching, la esposa comprendió por fin lo que él había estado pidiendo durante todos esos años. No era sólo el contacto, era su atención. Él quería saber que era importante para ella. Con esta revelación comenzó el proceso de cambiar su mentalidad en torno al contacto. Ya no se centraba en si el contacto era importante o no para ella. Por el bien de su matrimonio y de la conexión con su marido, decidió tener intimidad física con él. A través de sus cariñosas caricias, él empezó a darse cuenta de lo mucho que significaba para ella. Vio el esfuerzo que ella estaba haciendo y comenzó el proceso de curación. Esta pareja ha celebrado su 30vo aniversario de boda, y hoy su matrimonio está totalmente restaurado. Su pilar de intimidad física es uno de los más fuertes gracias a lo que aprendieron el uno del otro.

GRIETAS EN EL PILAR DE LA INTIMIDAD FÍSICA

La intimidad física puede ser un pilar interesante porque usted (o su cónyuge) pueden hacer lo suficiente para que parezca que están bien aquí, pero en realidad el pilar tiene grietas. Pregúntese:

- ¿Qué aspecto tiene cuando ustedes dos se besan? ¿Se dan besos apasionados o normalmente sólo se dan un picoteo rápido, si es que se dan algo?
- ¿Sabe cómo le gusta a su cónyuge que le toquen?
- ¿Siente que tiene que rogarle a su cónyuge que le toque?
- Cuando están sentados en el sofá, ¿están sentados en extremos opuestos (o en dos sofás diferentes) o están uno al lado del otro?
- ¿Duermen en la misma cama?
- ¿Evita tocar a su cónyuge?
- ¿Evita él/ella tocarle?

La intimidad física no tiene por qué ser una baja en un matrimonio largo

---

Al igual que con cualquiera de las intimidades, no es necesario que todas ellas estén presentes en su matrimonio para tener grietas en su pilar, y es posible que la grieta en su Pilar de Intimidad Física tenga un aspecto diferente a cualquiera de las enumeradas. Eso no significa que no tenga que abordarla.

Piense en lo que podría ser posible para ustedes dos si elevaran el nivel de la intimidad física en su matrimonio:

- ¿Qué pasaría si sus hijos les dijeran: "Váyanse a un cuarto" porque no pueden quitarse las manos de encima?
- ¿Y si reaparecieran los besos apasionados del principio?
- ¿Y si supiera exactamente cómo le gusta a su cónyuge que le toquen?
- ¿Y si su cónyuge supiera cómo le gusta que le toquen y actuara según esa información?
- ¿Y si sintiera esa sensación de pertenencia o deseo que sólo pueda transmitir la persona a la que amas?

La intimidad física no tiene por qué ser una baja en un matrimonio largo. No tiene que esperar que se desvanezca. Puede ser tan vital hoy como lo era cuando se conocieron; si no, incluso mejor, porque han aprendido mucho más el uno del otro.

Este testimonio es de uno de mis clientes que luchaba con la intimidad física:

A lo largo de los años, he luchado con besos apasionados con mi esposa. Nos dábamos un beso aquí y otro allá, pero no nos habíamos dado un beso largo en mucho tiempo. Ni siquiera estoy seguro de cuándo cambió. Parece que, en algún momento, con los niños, el trabajo y las ocupaciones, dejamos de dedicar tiempo a este sencillo acto de intimidad física.

Decidí planteárselo a mi mujer. Tuvimos una conversación sobre los obstáculos que me han impedido tener besos largos y apasionados con ella. Alisa había compartido el viaje del Reto de los 60 Días de Sexo, y habíamos hablado del libro Reto de 7 Días de Sexo en una de nuestras sesiones. Decidí modificar la idea del Reto de los 7 días para adaptarla a nuestra situación y a lo que sabía que necesitábamos trabajar. Di un gran salto de fe y sugerí que nos diéramos un beso apasionado durante siete días seguidos.

Me complace decir que después de unos días, realmente disfruté besándola. Muchas gracias por darnos las herramientas que necesitábamos para fortalecer nuestro pilar de intimidad física. Estoy deseando tener muchos más besos apasionados y largos.

— T. P. (esposo)

PRIMEROS PASOS

¿Cómo es fortalecer la intimidad física en su matrimonio? ¿Por dónde puede empezar?

Empiece por usted mismo. A veces este pilar

tiene una grieta porque no se ha tomado el tiempo de reflexionar sobre cómo han cambiado sus gustos a lo largo de su matrimonio.

Pregúntese:
- ¿Qué caricias le gustan?
- ¿Qué caricias le gustan a él/ella?
- ¿Qué puedo hacer para tocar a mi cónyuge de la forma que a él/ella le gusta?

Utilice estas preguntas para iniciar la conversación. Construir la intimidad física, como cualquiera de las intimidades, es un proceso. No busque la respuesta a corto plazo, sino la solución a largo plazo que funcione para los dos.

¿QUÉ PUEDO HACER?

Responda a la pregunta cuando su cónyuge le pregunte cómo le gusta que le toquen. Está bien pedir un tiempo para pensarlo, pero no se limite a decir: "No lo sé". Su cónyuge no puede hacer nada con esa respuesta. Se sentirá frustrado e impotente para satisfacer sus necesidades. Empiece con algo, siempre puede revisarlo.

Intente crear intimidad física con las caricias que a él/ella le gustan. Haga una lista de las caricias que le gustan para no perderse.

Ponga una alarma en su teléfono para recordarle que tiene que tocarle.

De las gracias cuando su cónyuge le toque de una forma que le guste. El simple acto de expresar gratitud ayuda a crear un ciclo positivo en su matrimonio (¿no nos vendría bien a todos más de eso?) Permita a su cónyuge saber que le ha tocado de una manera que es significativa. Todo el mundo necesita saber que lo que hace funciona. Hágaselo saber a su cónyuge.

¿QUÉ PODEMOS HACER?

Buscar el tesoro de las caricias. Dediquen tiempo a tocarse mutuamente con un único propósito: descubrir qué les hace sentir bien y qué no. Es un ejercicio al que los dos pueden volver una y otra vez. A medida que el cuerpo cambia, los niños crecen, surgen problemas médicos, etc., descubre lo que funciona ahora. No hagas suposiciones.

Programen tiempo para abrazarse. Como ya he dicho antes en este capítulo, el contacto físico reduce el estrés, disminuye los niveles de cortisol y aumenta los de oxitocina. Dado que la mayoría de las parejas son muy activas, es importante reservar tiempo para esta actividad. Se sorprendería de lo mucho que puede cambiar en tan sólo diez minutos.

PENSAMIENTOS DE TONY

Mi bella esposa, Alisa, tiene un cuerpo increíble, y siempre me he sentido atraído por ella. Desde la primera vez que la vi hasta hoy, me encanta abrazarla, tomarla de la mano, estar cerca de ella y tocarla. Lo que no tenía sentido para mí era cuando ella no estaba abierta al tacto durante diferentes temporadas de nuestro matrimonio.

Esto empezó a revelarse más cuando tuvimos hijos. Fue entonces cuando pude ver con mis propios ojos que se podía tocar.

La veía abrazar y besar a los niños todo el día, así que ¿por qué no a mí? ¿Qué había entre nosotros que creaba una grieta en nuestra intimidad física?

Las expectativas. Sí, lo que esperábamos el uno del otro en cuanto a nuestra intimidad física nos alejaba en lugar de acercarnos.

Yo tenía mis propias expectativas y Alisa las suyas. No es que no quisiéramos tocarnos nunca, es que no sabíamos cómo era intimar físicamente el uno con el otro de un modo que no condujera al sexo.

Cuando empezamos a entender que nuestra intimidad física podía ser únicamente para conectar, sin sexo, este pilar empezó a fortalecerse. Alisa compartió que para ella era importante que yo le diera un abrazo sin intención de que fuera más allá.

Por mi parte, yo no necesitaba que me tomaran de la mano ni que me tocaran las 24 horas del día, y sin embargo, si ella ponía su mano izquierda en mi rodilla derecha cuando conducíamos juntos significaba todo para mí.

Con los años, hemos aprendido que acostarnos desnudos a veces mejora nuestra intimidad física, aunque sólo nos toquemos un poco durante la noche. Estoy agradecido por la forma en que logramos conectarnos en nuestra intimidad física y aun así continuar ajustándonos durante las diferentes estaciones de nuestras vidas y matrimonio.

Ahora que han tenido la oportunidad de trabajar en la forma en que ustedes dos se conectan emocional y físicamente, hablemos de un área que la mayoría de las personas nunca considera: la intimidad financiera.

CAPÍTULO 7

**PILAR #3:
INTIMIDAD FINANCIERA**

El dinero es una oportunidad para alcanzar la unidad en el matrimonio. Cuando las parejas trabajan juntas pueden hacer cualquier cosa.

_____

Anónimo

Es probable que algunos de ustedes se hayan reído al leer el título de este capítulo. ¿Intimidad... financiera? Puede que incluso se pregunten: "¿Es eso posible?".

Sí, es posible. Y no sólo eso, sino que es *vital* para su matrimonio.

La intimidad financiera es algo más que: "Tenemos que hablar del presupuesto". Se trata de estar cerca y conectados en todos los aspectos financieros de su matrimonio. Se trata de tener un plan para sus finanzas diarias, pero también para sus diferentes cuentas, seguros, planes para la jubilación y la creación de un plan de sucesión. Básicamente, si tiene que ver con el dinero, entra dentro del pilar de la Intimidad Financiera.

A veces, para nosotros, el "dinero" y el "matrimonio" han sido como el agua y el aceite.

A lo largo de los años, nuestra intimidad financiera se ha enfrentado a muchos retos. Comenzamos nuestro matrimonio con más de $50.000 en deudas y tuvimos que lidiar con llamadas de cobradores, consolidación y, finalmente, con el programa de Dave Ramsey, Financial Peace. Uno pensaría que todo habría ido como la seda después de Paz Financiera, pero... una Navidad, uno o dos años después de empezar UN Matrimonio Extraordinario, simplemente gasté más de la cuenta. Había regalos más que suficientes para todos. En realidad, no había prestado atención a lo que se compraba, y la verdad es que ignoré esa sensación punzante de que estaba gastando demasiado.

Justifiqué que el gasto era para que los niños pasaran unas Navidades estupendas y para asegurarme de que toda nuestra familia tuviera regalos maravillosos. No pensaba en el impacto a largo plazo de mis decisiones. Vivía estrictamente el aquí y el ahora sin tener en cuenta a Tony.

Hasta que tuvimos que hablar de nuestro presupuesto de enero.

Al principio de cada mes, nos sentamos a hablar de las facturas que hay que pagar. Ese mes de enero, tuve que sentarme frente a mi marido y decirle que había unos $800 que no estaban disponibles para el presupuesto de enero, porque los había gastado en regalos de Navidad.

Todavía puedo ver su cara de asombro y sentir el nudo en el estómago. Mirando hacia atrás, puedo ver la intersección de la intimidad emocional y financiera en ese momento, pero en ese momento sólo sentí náuseas.

En ese momento, tuvimos que ser muy realistas sobre nuestra situación financiera y tuvimos que tomar algunas decisiones difíciles sobre el gasto, sobre nuestra situación financiera y sobre los cambios que íbamos a hacer.

Tuvimos que recortar todos los gastos innecesarios. Esto significaba salir a comer, ir a Target, pagar el cable, Starbucks... todo lo que no fuera vivienda, comida o servicios públicos desapareció. Como madre con dos niños pequeños, ¡las cosas se pusieron serias rápidamente! Tuvimos que tomar muchas decisiones sobre los deseos frente a las necesidades, y resultó que mucho de lo que estábamos gastando dinero en ese momento se trataba de deseos. Nuestras finanzas tenían que volver a centrarse en las necesidades.

No fue fácil, pero los problemas de dinero no suelen ser fáciles para las parejas.

LO QUE CREE SOBRE EL DINERO TIENE UN IMPACTO EN USTED Y SU MATRIMONIO

El dinero es un tema muy interesante porque cada persona tiene sus propias creencias sobre el dinero: qué es, cómo funciona y cómo se habla de él. Estas creencias empiezan a formarse en la infancia.

Ahora mismo, pregúntese cómo era la historia del dinero en su familia.
- ¿Quién se encargaba de las finanzas?
- ¿Tenían más de lo suficiente? ¿Sólo lo suficiente? ¿Nunca era suficiente?
- ¿Vio a sus padres ahorrar para lo que necesitaba, o compraban por impulso?
- Oía expresiones como:
- El dinero no crece en los árboles.
- No tenemos dinero para eso.
- No podemos permitirnos eso.
- ¿Pagaban sus padres por todo, o tuvo que trabajar a una edad temprana?
- ¿Fue testigo del estrés financiero derivado de la pérdida de un empleo, la muerte de un ser querido, la quiebra, el embargo o la ejecución hipotecaria?

Puede que piense que estas preguntas no son para tanto, pero la verdad es que les están afectando a los dos ahora mismo. Si su padre siempre manejaba el dinero y nunca consultaba a su madre, puede que usted tenga la respuesta a por qué su marido nunca le pide su opinión financiera y lo maneja todo él mismo. Si su madre no confiaba en que su padre se ocupara de las finanzas familiares, podría ser la razón por la que siempre parece cuestionar sus decisiones. Si creció con el "nunca es suficiente" puede explicar por qué no quiere gastar dinero en nada para ustedes dos. Si ella nunca escuchó la palabra "no" cuando se trataba de las cosas que quería mientras crecía, podría ser la razón por la que los dos se pelean por cada compra. La mayoría de las veces, he visto que las parejas que luchan con la intimidad financiera están lidiando con creencias que han estado presentes durante mucho tiempo en la vida de ambos.

Es raro que ambos cónyuges lleguen al matrimonio sin algún tipo de "equipaje" de dinero de experiencias pasadas y comportamientos de dinero que pueden no funcionar juntos. La forma en que lleguen a su matrimonio afectará definitivamente a su matrimonio una vez que los dos junten su dinero. La intimidad financiera no es automática para todo el mundo. Toda una vida de comportamientos puede hacer que no esté seguro de cómo abordar este pilar en particular.

En mi caso, tuve mucha inseguridad financiera debido a las circunstancias de mi vida. Cuando estaba en el último año de secundaria, mis padres se declararon en bancarrota y perdieron nuestra casa justo antes de que yo me fuera a la universidad. Recuerdo que la iglesia me entregó un pavo para la cena de Acción de Gracias, pero me daba vergüenza abrir la puerta. Debido a estas experiencias, siempre he querido que tuviéramos dinero en el banco, y he querido asegurarme de que nuestros hijos nunca hayan tenido la misma experiencia. Estas mentalidades influyeron en la forma en que Tony y yo conectamos en nuestra intimidad financiera. No fue hasta que entendí cómo ser vulnerable en esta área, que pudimos realmente intimar y compartir.

¿QUIÉN, QUÉ, CUÁNDO, POR QUÉ, DÓNDE Y CÓMO?

¿QUIÉN?

Ustedes dos. No importa si tienen cuentas conjuntas o separadas. No importa si uno de los dos se queda en casa y el otro trabaja, o si los dos trabajan. La intimidad financiera en el matrimonio no es sólo responsabilidad de una persona. Ambos tienen un papel que desempeñar en el conocimiento de las finanzas de su matrimonio.

Mi insistencia en esto viene de mi experiencia personal. Al principio de nuestro matrimonio trabajé para un banco y empecé a ver este patrón. Los clientes mayores llegaban con lágrimas en los ojos. Cuando les preguntaba qué les pasaba, explicaban que su cónyuge había muerto y no tenían ni idea del dinero, el seguro o ninguna de sus cuentas. Estaban literalmente ciegos ante su situación financiera en el momento en que eran más vulnerables. Involúcrese en el aspecto financiero de su matrimonio. No pueden permitirse no hacerlo.

Es posible que, en distintas épocas del año, uno de los cónyuges tome la iniciativa en determinadas áreas. Puede que uno de los dos prefiera pagar las facturas mensuales o tenga más habilidad en ese campo. Mientras que el otro puede optar por ocuparse de los seguros, las inversiones y la jubilación. Uno de los dos puede encargarse de los impuestos y el otro de ahorrar para el próximo viaje, la próxima gran compra o la cuenta de la universidad. No pasa nada si los papeles cambian a lo largo del matrimonio; recuerde que los dos están juntos en esto.

> Ambos tienen un papel que desempeñar en el conocimiento de las finanzas de su matrimonio

¿QUÉ?
Mucha gente piensa que la intimidad financiera es simplemente trabajar en el presupuesto

(o plan de tesorería si no le gusta la palabra presupuesto). Y aunque ese es un aspecto de la intimidad financiera, no lo es todo. Haga una pausa por un segundo y piense en todas las áreas que se ven afectadas por sus finanzas:

- Seguros
- Jubilación
- Fondos para la universidad
- Hipoteca
- Inversiones
- Vacaciones
- Y más

La intimidad financiera es todo, desde conocer sus contraseñas y quiénes son sus asesores/representantes financieros hasta planificar su flujo de caja mensual, discutir la jubilación y armar su plan patrimonial. No se trata sólo de hablar de las facturas que llegan; se trata de desarrollar un lenguaje compartido en su matrimonio en torno a las finanzas. Es elegir estar bien informado en esta área de su relación.

¿CUÁNDO?

La intimidad financiera, como todas las intimidades, es más fuerte cuando hay una conversación regular en torno a esta área.

Algunos aspectos los discutirán diaria o semanalmente, otros mensual o trimestralmente y otros anualmente. Los dos deberían hablar del presupuesto, como mínimo, mensualmente. Deberían mantener conversaciones sobre las compras -semanales, si es necesario- para asegurarse de que los dos están de acuerdo y se mantienen dentro de los límites de lo que pueden permitirse. Cuando llegue el momento de renovar su plan de seguros, revisen juntos sus coberturas; normalmente, se trata de una revisión anual. Revisen su plan de sucesión cada cinco años o cuando experimenten una transición importante en sus vidas, como la compra de una casa (o la venta de una), tener hijos, convertirse en nidos vacíos o jubilarse. La intimidad financiera no es una de esas cosas que se establecen y se olvidan para el resto de la vida. Al igual que los dos crecen y cambian, también lo hace su vida financiera.

¿POR QUÉ?
La mayoría de las personas llegan al matrimonio con una mentalidad específica en torno al dinero y, a menudo, con un poco de equipaje financiero. Para construir un pilar sólido de intimidad financiera, es necesario

desentrañar la mentalidad y el bagaje financieros. Hasta que no llegue a la raíz de por qué piensa y actúa como lo hace con respecto al dinero, encontrará los mismos ciclos y conflictos repitiéndose, creando a menudo frustración en su matrimonio. La verdadera intimidad financiera les permite trabajar juntos, con comprensión y gracia, para alcanzar sus objetivos financieros como un equipo.

Los dos han elegido construir una vida juntos. Abrazar la intimidad financiera es un aspecto de esa vida. No es algo que pueda relegarse a un segundo plano.

¿DÓNDE?

Para algunos de ustedes, se sentarán a la mesa o al ordenador para discutir el plan mensual de tesorería (o "presupuesto", si lo prefieren). Para otros, esto significará utilizar la misma aplicación para que los dos puedan estar en la misma página en tiempo real. Es probable que haya una conversación anual con su agente de seguros y/o asesor financiero para asegurarse de que todo va por buen camino.

> Las finanzas siempre formarán parte de su matrimonio, así que prevea que habrá muchas conversaciones, no sólo una

Si ha descubierto que hay algunos lugares, tal vez la mesa del comedor o en la cocina, donde las conversaciones financieras parecen estar en un ciclo roto, está bien cambiar el lugar donde discuten su intimidad financiera. No hay ninguna regla que diga que tenga que hacerse en el mismo lugar de siempre.

¿CÓMO?

Empiece poco a poco. No intente abordar todos los aspectos de su intimidad financiera en una sola conversación. Las finanzas siempre formarán parte de su matrimonio, así que prevea que habrá muchas conversaciones, no sólo una. Conozca la educación financiera de su cónyuge. Hágale preguntas para entender cómo eran los papeles en su familia y qué espera de su matrimonio. Compartan responsabilidades. Aunque una persona sea la principal responsable de las decisiones financieras, ambos deben saber dónde acceder a la información. Cuando existe intimidad financiera, hay una enorme seguridad en la relación.

Esta es la historia de una pareja a la que he tenido el privilegio de asesorar. Como recién casados, ambos llegaron al matrimonio con su propio dinero y decidieron mantenerlo todo separado. Pusieron en común una cierta cantidad de dinero cada mes para las necesidades del hogar, pero todo lo demás estaba separado. Pensaron que así era más fácil. Eso fue hasta que los desconocidos hábitos de gasto empezaron a afectarles a los dos. Las deudas se acumulaban; los acreedores llamaban. No sabían lo que hacía el otro hasta que el daño ya estaba hecho. No había intimidad financiera y esto casi destruyó su joven matrimonio.

Como parte del trabajo que hicimos juntos, decidieron abrir una cuenta corriente conjunta y poner todo su dinero *en una sola cuenta*. Esto fue incómodo para ambos. Supuso un nuevo nivel de vulnerabilidad y conciencia en su matrimonio. Les hizo responsables el uno del otro. Obligó a hablar de las compras y creó una transparencia que no habían tenido antes. Cuando decidieron trabajar juntos, se dieron cuenta de que les resultaba más fácil cuanto más se comprometían el uno con el otro.

UN RETO COMÚN:
"No me siento cómodo con el dinero ni hablando de dinero".

Únase al club. El dinero es uno de esos temas de los que no se suele hablar "alrededor de los niños", por lo que es probable que no haya tenido la oportunidad de presenciar cómo sus padres resolvían sus problemas financieros o desarrollaban una intimidad financiera. Cada familia maneja el dinero de forma distinta y transmite a sus hijos mensajes diferentes sobre el dinero y los recursos financieros. También es posible que, si uno de los dos no tiene un sueldo, le resulte difícil hablar de sus finanzas. Muchos clientes de coaching me dicen: "No puedo decir nada sobre cómo gastamos el dinero; no soy yo quien lo gana".

> La única forma de sentirse cómodo con lo incómodo es practicar

Es importante identificar lo que le hace sentir incómodo:

- Nunca he hablado de dinero.
- No tengo cabeza para los números.
- No se me da bien ceñirme a un presupuesto.
- No sé cuánto gastamos.
- Nunca he tenido que gestionar mis finanzas.
- O quizá algo más.

Comparta con su cónyuge lo que realmente le incomoda para que ambos puedan abordarlo en equipo. La única forma de sentirse cómodo con lo incómodo es practicar. Comprométete a fortalecer este músculo. Desarrolle un plan que incluya un momento y un lugar para hablar de su intimidad financiera; recuerde empezar poco a poco.

GRIETAS EN EL PILAR DE LA INTIMIDAD FINANCIERA

El equipaje monetario y comportamientos como los siguientes pueden hacer que su pilar de intimidad financiera se resquebraje:

- Secretos sobre la tarjeta de crédito u ocultar compras, como jugar a barajar la tarjeta de crédito o dejar compras en el coche para poder ingresarlas con el tiempo (una de cada tres parejas que se pelean por dinero ha ocultado alguna compra).[1]
- Gastar en exceso. Para algunos, serán cientos de dólares; para otros, miles o decenas de miles.
- No hablar sobre el presupuesto, las necesidades financieras o las preocupaciones. Cuarenta y tres por ciento de las parejas tienen dificultades para ceñirse a un presupuesto que sea respetado por ambos cónyuges.[1]
- Cargar con deudas de tarjetas de crédito, préstamos estudiantiles o préstamos

empresariales. Según un estudio de Ramsey Financial Solutions, el 86% de los matrimonios de menos de cinco años empezaron con deudas. En el 48% de esos matrimonios, la deuda supera los $50.000. El dinero es la causa número uno de las peleas.[1]

- Sólo uno de los dos tiene acceso o conoce las contraseñas de todas sus cuentas. Esto es una falta de intimidad financiera, y muestra una falta de transparencia y accesibilidad en el matrimonio.
- No hay un plan para las grandes compras, la universidad o la jubilación.
- Evitar la planificación del patrimonio porque resulta incómodo o no se quiere pensar en ello. Se estima que sólo el 32 porciento de los estadounidenses tienen un testamento, lo que significa que el 68 porciento de las personas dejarán que los tribunales decidan qué ocurrirá con sus bienes cuando fallezcan.[2]

Pero qué podrían lograr ustedes dos, si:

- ¿Cada mes, preparasen un presupuesto/plan de tesorería y vivieran dentro de él?
- ¿Tuvieran un plan para salir de deudas?
- ¿Invirtieran juntos en objetivos a corto y largo plazo?

- ¿Ambos sabían dónde se encontraban todas las cuentas y contraseñas?
- ¿Realizan revisiones mensuales o trimestrales y anuales de su bienestar financiero?
- ¿Crearon un plan de sucesión, para que ambos supieran cómo iban a manejar las cosas en caso de enfermedad o muerte?

Reforzar su intimidad financiera es tan importante porque:

- El 94 porciento de los que definen su matrimonio como "estupendo" hablan de su dinero.[1]
- El 54 porciento de los que dicen tener un matrimonio "estupendo" tienen casi el doble de probabilidades de hablar de dinero a diario o semanalmente.[1]

Muévase hacia un lugar donde usted está creando un gran matrimonio mediante el desarrollo de la intimidad en esta área.

Este testimonio es de un cliente que luchaba con la intimidad financiera en su matrimonio:

A lo largo de los años, nuestra intimidad financiera ha sufrido altibajos. A veces nos iba increíble, y otras veces teníamos que apretar para pagar deudas, ahorrar y prepararnos para nuestro futuro.

Mi esposa y yo hemos estado casados por más de treinta años, y siempre he sido el que maneja nuestras finanzas, inversiones, seguros, lo que sea.

Hace poco terminé algo que llevaba tiempo queriendo hacer: Escribí una carta a mi mujer, detallando nuestras finanzas e inversiones en caso de mi muerte. Ya no somos jóvenes y hemos visto morir a muchos de nuestros amigos. He leído sobre este tipo de carta y he oído que la recomiendan, pero nunca me había decidido a hacerlo hasta hoy. Es extraño escribir algo que sabes que sólo se utilizará cuando tú ya no estés, pero me alegro mucho de haberlo hecho. Ahora está más segura de su situación en caso de que me ocurriera algo. Es una gran victoria para nuestra intimidad financiera. Tiene la tranquilidad de saber que, incluso en caso de muerte, yo me ocuparé de ella.

Ninguno de los dos quiere pensar en nuestra muerte pero, lo que es más importante, yo no quería pensar en ella luchando por encontrar todo esto mientras estaba de duelo. Me di cuenta de que lo hacía por los dos.

T. S. (esposo)

PRIMEROS PASOS

Un pilar sólido de la intimidad financiera empieza por analizar sus finanzas y su relación con el dinero. Pregúntese:

- ¿Hasta qué punto me siento cómodo hablando de dinero?
- ¿Cuál es mi mentalidad respecto al dinero?
- ¿Qué podríamos hacer para reforzar este pilar?

Dedique tiempo a reflexionar y luego compártalo con su cónyuge.

¿QUÉ PUEDO HACER?

Sea transparente en sus compras. Es hora de dejar de dejar cosas en el baúl o de redondear hacia abajo cuánto gastó para que suene mejor.

Participe en las conversaciones financieras con su cónyuge. Ser partícipe significa que comparte sus pensamientos. Reconoce lo que siente y trabaja con su cónyuge para encontrar la unidad.

¿QUÉ PODEMOS HACER?

Respetar los límites de gasto acordados. Si los dos han establecido que cualquier compra que supere una determinada cantidad de dinero debe contar con el visto bueno de su cónyuge, cúmplalo. Por ejemplo, Tony y yo tenemos un acuerdo permanente por el que, aparte de los comestibles, si queremos hacer una compra que supere los $200, lo consultaremos el uno con el otro. Esta ha sido una cifra flexible en nuestro matrimonio, ya que nuestras finanzas han cambiado. Pero el compromiso de respetar esta cifra nos impide tener sorpresas presupuestarias.

Revise los informes de crédito anualmente. Hacer una revisión anual de sus informes de crédito les permite a los dos asegurarse de que todo es correcto y que nada ha sido colocado en sus informes por error. Un crédito sólido es importante para muchas actividades diferentes, como comprar un coche o comprar o refinanciar una casa. Ustedes dos no quieren sorpresas.

Concierte una cita para preparar su plan de sucesión, incluido un testamento. Sé que a nadie le gusta hablar de la muerte o de morir, pero saber que tiene estos documentos preparados le da mucha paz. De hecho, miré a Tony después de firmar nuestros documentos y le dije: "No pasa nada si te mueres ahora". ¿Por qué? Me sentí segura sabiendo que nos ocupábamos de nuestras finanzas y que comprendía sus deseos.

PENSAMIENTOS DE TONY

Reflexionando sobre la historia que Alisa compartió al principio del capítulo, nos referimos bromeando a esa Navidad como "La Navidad que gastó de más". Aún recuerdo cuando, sentada a la mesa, empezó a contarme lo del dinero que no teníamos y lo único que podía pensar era: "Esto no puede estar pasando. He estado trabajando para llegar a fin de mes para que pudiéramos tener algo parecido a una Navidad y Alisa va y se gasta el dinero que no tenemos en regalos de Navidad. ¿Me estás tomando el pelo?"

No me lo podía creer. En aquella época yo era el único proveedor, ya que habíamos decidido que ella se quedaría en casa con los niños. Cada mes nos sentábamos y revisábamos nuestro plan de tesorería (nuestro presupuesto). Confiaba en que se ajustaría al plan que nos habíamos trazado. Confiaba en que me diría qué pasaba con nuestras finanzas y si iba a hacer algún ajuste.

Lo que hizo me pareció una traición a todo lo que habíamos hecho para fortalecer nuestra intimidad financiera. Había una grieta bastante grande en nuestro pilar de intimidad financiera.

En ese momento, empecé inmediatamente a pensar y a compartir todas las cosas que íbamos a tener que recortar del plan de flujo de caja para poder pagar todas nuestras facturas.

Estar en esta situación me asustó como nunca antes lo había hecho. Hubo momentos en los que me quedé paralizado por lo que podía pasar, pero en ese momento me puse en modo "solución".

En lugar de limitarme a hablar una vez al mes sobre lo que estábamos gastando o lo que se avecinaba, me aseguré de que lo comprobáramos semanalmente y a veces incluso a diario. No se trataba de controlar, sino de unirnos como equipo para reforzar nuestra intimidad financiera.

La Gran Recesión tuvo que ser uno de los momentos más estresantes a los que nos enfrentamos en nuestras finanzas. Fue a través de este tiempo de refinamiento que tuvimos que estar atentos a nuestro plan de flujo de efectivo que nos ha permitido prosperar en formas que nunca hubiéramos creído antes.

A medida que aprenda a construir su intimidad financiera, desarrollará las habilidades necesarias para abordar otra intimidad: la intimidad espiritual.

CAPÍTULO 8

PILAR #4:
INTIMIDAD ESPIRITUAL

> Nuestra fe se fortalece a medida que la expresamos.
> ───────────
> *Billy Graham*

Aunque a menudo exploramos nuestras propias necesidades espirituales, rara vez nos detenemos a pensar en esas mismas necesidades cuando se trata de ser pareja. Cuando los tiempos se ponen difíciles, su fe y su matrimonio serán los cimientos que necesitan para superarlo todo.

Es posible que haya escuchado sermones sobre parejas que oran juntas o comparten su fe. Sin embargo, puede que se haya preguntado qué aspecto tiene eso o cómo puede dar el paso de crear esta intimidad en su matrimonio.

La intimidad espiritual abarca todas sus creencias religiosas y prácticas religiosas observadas. Puede ser algo tan sencillo como rezar juntos, ir juntos a la iglesia o hablar de temas espirituales en pareja. En cierto modo, este pilar puede ser más íntimo que el sexo.

Ambos crecimos como católicos y, por distintas razones, dejamos de ir a la iglesia o de practicar la fe en nuestra adolescencia. Nos casó un pastor metodista en una bodega. Definitivamente no fue la boda católica que nuestras familias esperaban. La única razón por la que elegimos a ese pastor fue porque la bodega nos lo recomendó como oficiante que conocía el lugar.

En los primeros años de nuestro matrimonio, no hablábamos de fe, religión o espiritualidad. No era un factor importante en nuestro matrimonio hasta que Tony recorrió el sendero Pacific Crest Trail de México a Canadá en el año 2000.

Mientras Tony iba de excursión, tuve un encuentro que sólo puede describirse como milagroso. Una noche, hacia medianoche, oí golpes en la puerta de mi casa y voces masculinas que decían palabrotas. En lugar de llamar al 911, corrí a la puerta principal y miré por la mirilla. Cuando estaba en la puerta, vi a tres hombres borrachos que intentaban entrar. Sabía que se habían equivocado de piso, pero estaban demasiado borrachos para darse cuenta. Tenía mucho miedo de que me pasara algo si conseguían forzar la puerta. Mientras miraba por la mirilla y rezaba para que no consiguieran entrar, oí una voz detrás de mí que decía: "Este no es su apartamento". Los hombres levantaron la vista, se dieron cuenta de su error y se marcharon riendo. Lo único que les impedía entrar era la cadena de la puerta. Hasta el día de hoy, estoy convencido de que la voz que todos oímos era la de un ángel, ya que definitivamente no había nadie más en nuestro apartamento.

Casi al mismo tiempo, Tony estaba teniendo su propia experiencia espiritual en el camino. Mientras compartíamos estos encuentros a través de nuestras infrecuentes llamadas telefónicas, estaba claro que algo estaba cambiando en nuestro matrimonio. Se estaba produciendo un cambio en nuestra forma de conectar. Era un nuevo nivel.

Cuando Tony volvió a casa, empezamos a ir a la iglesia juntos. Algo que nunca habíamos hecho en todos nuestros años de matrimonio. Empezamos a rezar el uno por el otro y a leer la Biblia. Empezamos a buscar devocionales para hacer juntos y teníamos música de alabanza en casa y en el coche. Esto fue sólo el comienzo del desarrollo de nuestra intimidad espiritual.

La intimidad espiritual es un área de la vida que la mayoría considera muy individual. Sin embargo, en un matrimonio, si usted está lidiando con algo, su cónyuge también. Esto es cierto incluso en este ámbito de la intimidad espiritual.

Ser capaz de hablar sobre su fe en Dios, compartir sus luchas de fe, o simplemente adorar juntos pueden ser maneras para que las parejas encuentren conexión, se sientan apoyados, y se sientan alineados el uno con el otro.

Antes dije que a veces la intimidad espiritual puede ser más vulnerable e íntima que la sexual. Vamos a ampliarlo un poco más.

LA INTIMIDAD ESPIRITUAL PUEDE SER MÁS ÍNTIMA QUE EL SEXO

Cuando escucha a su cónyuge orar o adorar, es capaz de verlo bajo una luz diferente. Es algo más que marcar una casilla para ir al servicio dominical o enviar un "Querido Dios, gracias por esta comida". Cuando elige intimar espiritualmente a través de la oración, hablando de sus cargas, de aquello con lo que están luchando y de lo que piden a Dios, está abriendo una ventana literal a su alma. La mayoría de la gente nunca comparte sus oraciones con otra persona.

Piense en cómo reza y por qué reza. A veces reza por alegría y a veces por pena. Hay situaciones en las que su corazón se rompe y reza pidiendo alivio. En otras ocasiones, reza pidiendo consuelo y paz. En ciertas circunstancias usted ora fervientemente por un avance o provisión. Y es muy probable que haya orado una o dos veces por gratitud

Estas son diferentes áreas de su vida que le importan y, sin embargo, ¿sabe su cónyuge cuánto le importan? ¿Qué está dispuesto a decir cuando está solo? ¿Cómo clamas a Dios? Muchas personas utilizarán ese momento para liberar algunas de las emociones más fuertes como: ira, frustración, tristeza o dolor. Pero, ¿qué sucede cuando abre la puerta para compartir esto con su cónyuge y construir su intimidad espiritual?

Cuando permanecen juntos en oración, están activando su fe y poniéndose de acuerdo unos con otros. Como dice Mateo 18:19, "...de cierto os digo que, si dos de vosotros se ponen de acuerdo en la tierra acerca de cualquier cosa que pidan, les será hecho por mi Padre que está en los cielos". Sus oraciones habladas tienen el poder de cambiar lo que está sucediendo en usted, en su cónyuge y en su matrimonio. Rezar en voz alta y juntos es poderoso. Es una forma de conectar sus corazones y recentrar su matrimonio. Esta experiencia compartida les permite apoyarse mutuamente mientras creen colectivamente y liberan aquellas cosas que no están bajo su control.

La oración por sí sola es poderosa. Rezar juntos magnifica los sentimientos estabilizadores y poderosos porque lo hacen como un equipo unido. En Eclesiastés 4:12 se nos recuerda que "Aunque uno sea vencido, dos pueden defenderse. Una cuerda de tres cabos no se rompe pronto". Elegir tener intimidad espiritual con su cónyuge, es construir una fuerza sobrenatural contra todos los ataques a su matrimonio.

¿QUIÉN, QUÉ, CUÁNDO, POR QUÉ, DÓNDE Y CÓMO?

¿QUIÉN?

No hay sorpresa aquí. Es usted y su cónyuge. Juntos. Los dos están juntos en este viaje. Independientemente de lo que hayas aprendido sobre espiritualidad en el pasado, la intimidad espiritual dentro de un matrimonio requiere que dos personas sean reales y vulnerables entre sí. Es importante saber qué está pasando espiritualmente con usted y con su cónyuge.

¿QUÉ?

Las actividades en las que participen los dos serán exclusivas de su matrimonio. Dichas actividades pueden incluir:
- Asistir juntos al servicio religioso (en persona o por Internet).
- Adorar juntos. Esto puede ser durante un servicio o incluso sólo a través de tener música de adoración en su casa.

- Orar el uno con el otro y el uno por el otro, porque han tenido conversaciones y saben lo que está pasando en la vida de su cónyuge. A veces, puede descubrir que su cónyuge necesita que usted ore por él porque no puede hacerlo por sí mismo.
- Asistir a un grupo pequeño/grupo de conexión/grupo en casa. Una cosa es tener amigos; otra cosa es "hacer vida" con la gente, compartir sus vulnerabilidades y permitirles que oren por ustedes y vean su verdadero yo.
- Diezmar a su iglesia.
- Otra cosa muy distinta. No sabrá el "qué" hasta que los dos tengan una conversación sobre esto.

¿CUÁNDO?

Tal vez sea un servicio de fin de semana o entre semana. Para algunos, será un devocional cada mañana. Para otros, será orar antes de acostarse cada noche. Ustedes dos determinarán el "cuándo", como equipo, encontrando un ritmo que funcione para su matrimonio.

¿POR QUÉ?

La investigación ha demostrado que en las parejas que llevan casadas más de dos décadas, una de las cualidades más importantes que encontraron fue "la fe en Dios y el compromiso espiritual".[1] Una relación con Dios proporciona a las parejas un sentido compartido de valores, ideología y propósito.

Más que los valores y el propósito compartidos, tener intimidad espiritual es la elección de compartir el alma con otra persona. Es compartir los deseos, anhelos y luchas más íntimos. Es confiar a su cónyuge su corazón y su fe.

> Una relación con Dios proporciona a las parejas un sentido compartido de valores, ideología y propósito

¿DÓNDE?

Puede ser en la iglesia, en el coche o en casa. Puede que se sienta más cerca de Dios caminando por la playa, de excursión por la montaña o sentado junto al lago. Los dos pueden adorar y rezar juntos en muchos entornos diferentes. ¿Dónde se sienten más cerca de Dios? ¿Dónde se sienten más seguros para compartir su intimidad espiritual? Esto no tiene por qué ser igual para ustedes que para otras personas. Su intimidad espiritual no está necesariamente confinada a un espacio en particular.

¿CÓMO?

El "cómo" empieza por entender cómo practica su espiritualidad. ¿Qué hace con regularidad? ¿Reza? ¿Es importante para usted asistir a los servicios religiosos? ¿Le gusta escuchar música de alabanza en casa o en el coche? ¿Dónde puede invitar a su cónyuge a unirse a usted?

Puede empezar compartiendo en qué punto de su camino de fe la encuentra. ¿Qué mensajes recibió durante su infancia sobre la fe y sobre cómo compartirla con los demás? Desarrollar esta intimidad puede requerir que entienda primero su propia relación con la fe.

UN RETO COMÚN:

"Nos cuesta rezar juntos".

¡Los entiendo! Esto también ha sido un reto para Tony y para mí. Desde nuestros primeros años en la iglesia, parecía que todos los pastores hablaban de levantarse antes del amanecer para rezar con su cónyuge durante una hora. A decir verdad, probablemente era sólo mi percepción de lo que decían, pero al final parecía inalcanzable y nos sentíamos fracasados. Tony y yo intentábamos levantarnos temprano y rezar, pero decidíamos que dormir era una mejor opción. Luego intentamos hacerlo por la noche y también nos encontramos con el mismo problema de sueño.

Como en cualquier otra área de su matrimonio, es importante que los dos encuentren un ritmo que les funcione, porque para algunas parejas lo primero que hacen por la mañana o al final del día les funciona.

Cuando los dos dicen que quieren rezar juntos, ¿qué significa eso? ¿Significa que quieren rezar juntos todos los días o una vez a la semana? ¿Significa que están usando un devocional o que están leyendo la Biblia juntos o que están sentados en su cama orando juntos?

No hay ningún modo incorrecto de que una pareja rece junta. Lo que importa es que los dos decidan compartir con su cónyuge lo que les pasa espiritualmente, que elijan la vulnerabilidad. No se preocupen por lo que hacen los demás, empiecen por donde están los dos ahora mismo y construyan sobre eso.

GRIETAS EN SU PILAR DE INTIMIDAD ESPIRITUAL

La intimidad espiritual es un pilar que a menudo puede sentirse inestable, o como si tuviera grietas. Esto se debe a menudo a la educación que uno ha recibido, o a que la iglesia le ha dicho que su relación con Dios es suya y de nadie más. Pero, como en Marcos 10:8, "Por esto dejará el hombre a su padre y a su madre, y se unirá a su mujer, y serán una sola carne".

Convertirse en una sola carne no se trata sólo de las áreas de su matrimonio que son fáciles o "normales" de compartir. Se trata de compartir todo de ustedes, incluyendo su intimidad espiritual.

Este pilar puede tener grietas cuando usted tiene:

- Dificultad para rezar juntos porque se sienten incómodos o vulnerables, o tal vez porque nunca antes han rezado en voz alta con otra persona.
- Preocupaciones por compartir prácticas de fe.
- Han decidido no ir juntos a los servicios religiosos porque uno de los dos no se siente cómodo en la iglesia o no está interesado en asistir a ella.
- Incomodidad a la hora de plantear cuestiones religiosas o espirituales a su cónyuge.
- Factores en juego como inconsistencia, niveles de comodidad, expectativas y sentirse vulnerable.

A continuación, el testimonio de uno de mis clientes que luchaba con la intimidad espiritual:

La fe ha sido una fuente de tensión de vez en cuando en nuestro matrimonio. A lo largo de los años, he luchado por no tener intimidad espiritual con mi marido. He querido que hagamos más cosas espiritualmente, juntos, pero eso no es cómodo para él. Él fue criado con la creencia de que su relación con Dios es privada, no algo para compartir o discutir.

Desde que encontré Los 6 Pilares de la Intimidad® *y* ONE Extraordinary Marriage Show, *mi fe se ha profundizado de un modo que nunca hubiera esperado. Recuerdo haber escuchado al principio cómo se le ocurrió el nombre de "UNO". Escucharle hablar de las Escrituras me hizo leer el Cantar de los Cantares, ¡y quedé enganchada! (He compartido la historia detrás del nombre UNO en Una nota rápida al principio del libro.)*

Aunque mi marido no se conecte de la misma manera, mi relación con Dios ha fortalecido nuestro matrimonio de manera significativa. He convertido la oración por mi marido en una parte habitual de mi día. Le pregunto regularmente cómo puedo rezar por él. Aunque él no elija que recemos juntos, esta conversación regular está abriendo la puerta a que podamos conectarnos espiritualmente.

M. H. (esposa)

PRIMEROS PASOS

Profundizar su intimidad espiritual no "sucede porque sí". Como toda intimidad, comienza con hacerse algunas preguntas:

- Cuando pienso en intimidad espiritual, ¿qué me viene a la mente?
- ¿Me siento cómodo hablando de fe, religión o espiritualidad con mi cónyuge?
- ¿Cuál es una forma de intimar espiritualmente el uno con el otro?

¿QUÉ PUEDO HACER?

- Rezar por su cónyuge. Rezar por su cónyuge requiere que sepa lo que le pasa. La única manera de saber lo que está pasando es hacer preguntas y escuchar. Es construir intimidad emocional e intimidad espiritual al mismo tiempo.

> Cada vez que pueda compartir una experiencia con su cónyuge, estará construyendo intimidad

- Anime a su cónyuge en su camino espiritual. Es posible que ustedes dos no estén en el mismo lugar al mismo tiempo. ¿Cómo puede animar a su cónyuge en el lugar donde se encuentra ahora?

¿QUÉ PODEMOS HACER?
- Asistir juntos a los servicios. Cada vez que pueda compartir una experiencia con su cónyuge, estará construyendo intimidad. Elijan ir juntos a los servicios. Tenga en cuenta su actitud al ir y cómo se la transmite a su cónyuge.
- Rece *con* su cónyuge. Rezar en voz alta con otra persona es un ejercicio muy íntimo. Escuchar sus vulnerabilidades y preocupaciones, lo que están orando y lo que están declarando proporciona una visión de las situaciones en su vida y cómo las están procesando.
- Estudiar juntos la Biblia o un devocional. Cuando los dos eligen leer el mismo material y luego discutirlo, tienen la oportunidad de aprender cómo piensa su cónyuge y qué le afecta.

PENSAMIENTOS DE TONY
Cuando nos conocimos y en los primeros años de nuestro matrimonio, la fe no era nada.

Vivíamos nuestra vida como queríamos sin centrarnos en nuestra intimidad espiritual. Había ocasiones en las que sacábamos el tema, normalmente en Navidad y Semana Santa, cuando mi madre y mi tía nos pedían que fuéramos a misa con ellas.

Aparte de esas dos ocasiones al año, la idea de ir a la iglesia o de tener una relación con nuestro Padre Celestial era relativamente inexistente, excepto cuando los padres de Alisa venían de visita. Mi suegro, estuviera donde estuviera, buscaba la iglesia católica más cercana para ir a misa.

Entre nuestro tercer y cuarto año de matrimonio, me embarqué en el Pacific Crest Trail para hacer thru-hike (un viaje de mochilero de extremo a extremo por un sendero de larga distancia) de México a Canadá. Antes de irme, mi increíble suegra me envió el poema Footprints.

Una noche, un hombre tuvo un sueño. Soñó que caminaba por la playa con el SEÑOR.

En el cielo aparecían escenas de su vida. En cada escena observaba dos juegos de huellas en la arena: una le pertenecía a él y la otra al SEÑOR.

Cuando pasó ante él la última escena de su vida, volvió a mirar las huellas en la arena.

Se dio cuenta de que muchas veces, a lo largo del camino de su vida, sólo había un juego de huellas.

También se dio cuenta de que eso ocurría en los momentos más bajos y tristes de su vida.

Esto le molestó mucho y le preguntó al SEÑOR al respecto:

"SEÑOR, tú dijiste que una vez que me decidiera a seguirte, caminarías conmigo todo el camino. Pero he notado que en los momentos más difíciles de mi vida, sólo hay un par de huellas. No entiendo por qué cuando más te necesitaba me dejaste".

El SEÑOR respondió:

"Hijo mío, mi niño precioso, te amo y nunca te dejaría. En tus momentos de prueba y sufrimiento, cuando sólo ves un par de huellas, fue entonces cuando te llevé".

Desde el comienzo de mi caminata por Pacific Crest Trail, este poema se convirtió en mi ritual antes de dormir. Cuando tendía el saco de dormir para pasar la noche y escribía en mi diario, tomaba el marcapáginas y me lo leía.

Empecé a darme cuenta de que había muchos momentos a lo largo del día en los que me sentía solo. La ruta Pacific Crest Trail recorre 2.658 millas y yo hacía una media de veinte millas al día. Hay mucho tiempo para pensar mientras recorro los diferentes paisajes que ofrece el oeste.

A las quinientas millas de mi caminata, conocí a otro excursionista, apodado Arkansas Dave. Sí, era de Arkansas. Acabamos recorriendo casi dos mil millas juntos y tuvimos mucho tiempo para contemplar la vida. Una noche, mientras acampábamos en las faldas del monte Jefferson, en Oregón, nuestra conversación giró en torno a la Biblia. Mientras hablábamos de la fe y la relación con Jesús me lanzó una Biblia y me dijo: "Lee John".

Este fue un punto de inflexión en mi viaje espiritual.

Como Alisa compartió que ella estaba teniendo su propio viaje espiritual, lo que abrió la puerta para que tuviéramos nuestras primeras conversaciones verdaderas sobre la fe. ¿Cambió todo de la noche a la mañana? Ha sido un camino de más de veinte años aprendiendo a intimar espiritualmente el uno con el otro. Como todas las intimidades, hemos tenido que ser intencionales y tomar medidas para fortalecer este pilar a través de todas las estaciones de nuestro matrimonio.

A medida que crezcan en su intimidad espiritual, descubrirán que hay maneras nuevas o únicas para que los dos pasen tiempo juntos. Las parejas necesitan pasar tiempo juntos para permanecer enamorados y hacer crecer su matrimonio, como discutiremos en el próximo capítulo sobre intimidad recreativa.

CAPÍTULO 9

PILAR #5:
INTIMIDAD RECREATIVA

Planificar es traer el futuro al presente para poder hacer algo al respecto ahora.

───────────

Alan Lakein

Podemos ver a algunos de ustedes rascándose la cabeza en este momento. Los dos últimos capítulos trataban de la intimidad financiera y la intimidad espiritual, dos conceptos con los que probablemente ya estuvieras familiarizado, aunque quizá no tuvieran mucho sentido antes de leerlos.

Pero, ¿la intimidad recreativa? ¿Qué demonios es esto?

Nos alegra que lo pregunte. La intimidad recreativa se refiere a lo que hacen juntos en casa, en las citas o simplemente para divertirse. Son los planes que hacen para pasar tiempo juntos, haciendo cosas que les gustan, divirtiéndose.

Pasar tiempo juntos y divertirse no es algo reservado para cuando eran novios o recién casados. Es posible no sólo pasar tiempo juntos después de un tiempo de casados, sino disfrutarlo de verdad.

¿A cuántos de ustedes les ha pasado esto en su matrimonio? Es noche de cita. Los dos están sentados en la entrada de casa. Si tienen niños pequeños que necesitan una niñera, ésta ya está trabajando, cobrándoles por su tiempo.

Están a punto de salir de la calzada cuando uno mira al otro y le dice: "¿Adónde quieres ir?".

"No lo sé", responde el otro. "¿Adónde quieres ir tú?"

"La verdad es que me da igual, me parece bien lo que tú quieras". "Genial, vamos a por pizza".

"Ugh... realmente no quiero pizza".

"Pensé que habías dicho que no te importaba lo que hiciéramos." "No me importa lo que hagamos, pero no quiero pizza". "Eso no tiene ningún sentido".

Los dos ponen los ojos en blanco, sueltan un gigantesco suspiro y se preguntan por qué pensaron siquiera que tener una cita era una buena idea.

O quizá ni siquiera llegaron tan lejos. Tal vez pensó en tener una cita, pero se dio cuenta de que lo único que habría hecho es ir al mismo restaurante de siempre, pedir la misma comida de siempre (¿por qué estropear algo bueno?) y tener las mismas conversaciones de siempre. Es tan atractivo como ir a esperar al DMV.

Pero, ¿y si pasar tiempo juntos pudiera ser algo que disfrutan? ¿Y si pudieran salir de la rutina y divertirse? Por favor, ¡dime que todavía quieren divertirse!

LA DIVERSIÓN NO TERMINA DESPUÉS DEL "SÍ, QUIERO"

La diversión no es algo que tenga que parar después de la boda, o después de tener hijos, o cuando haya conseguido el trabajo de sus sueños. El hecho de ser un adulto casado no significa que no pueda divertirse. Los matrimonios pueden reír juntos. Pueden hacer cosas que les diviertan. En ningún sitio está escrito que los matrimonios tengan que ser aburridos y hacer siempre lo mismo.

De hecho, divertirse es una de las cosas más saludables que puede hacer por usted y por su matrimonio. Cuando se realizan actividades divertidas, disminuyen los niveles de cortisol, la hormona del estrés, y aumentan los de serotonina, lo que puede mejorar el estado de ánimo y el sueño.[1] Divertirse fomenta la creatividad y la productividad, dos factores que pueden ser muy beneficiosos para el matrimonio.[2]

> Las citas con sus hijos no son citas; se llaman salidas familiares

Piense en sus mejores recuerdos de la infancia y, a continuación, deténgase a buscar formas de que su matrimonio se divierta al mismo nivel que los adultos. Todos necesitamos reírnos más y todos necesitamos hacer cosas que nos den alegría. Si no se divierte, es hora de dar un paso atrás, reagruparse y descubrir qué es lo que le hace disfrutar menos de la vida de lo que debería. Vayan a darse un chapuzón desnudos, vean dibujos animados, tomen café juntos y jueguen al escondite el uno con el otro. Inviten a la diversión a su matrimonio y observen lo que sucede con su conexión.

¿QUIÉN, QUÉ, CUÁNDO, POR QUÉ, DÓNDE Y CÓMO?

¿QUIÉN?

Usted y su cónyuge. Necesita pasar tiempo, tiempo de calidad, con su cónyuge. Lo hemos dicho antes y lo diremos de nuevo: ustedes dos son personas que crecen y cambian. Pasar tiempo con su cónyuge de forma individual le permite saber quién es ahora y qué le importa. El tiempo que pasa con otras personas y con su cónyuge no es necesariamente intimidad recreativa si está más centrado en todas las demás personas que lo rodean. Las citas con sus hijos no son citas; se llaman salidas familiares. Por favor, no confunda las dos cosas.

¿QUÉ?

La intimidad recreativa lo abarca todo, desde las citas hasta las actividades compartidas. Algunas parejas hacen jardinería juntas, otras van a pescar al hielo, otras toman clases de baile y otras cocinan platos gourmet juntos. Lo que elijan hacer será tan único como ustedes dos. Fortalecerse en el pilar de la intimidad recreativa significa que no harán siempre lo mismo. Más bien, los dos desarrollaran la capacidad no sólo de probar cosas nuevas, sino también de preguntar y *responder a la pregunta* "¿Qué le gustaría hacer?" y luego ir a hacerlo. Esto también significa que a veces puede que no le entusiasme lo que su cónyuge le sugiere... mi consejo: A menos que sea algo ilegal o simplemente un **NO** absoluto para usted, inténtelo. Puede que encuentre algo que le guste.

Esta es la historia de uno de mis clientes de coaching:

Esta pareja se había casado más tarde en la vida y estaban bastante arraigados en sus costumbres. Les gustaba lo que les gustaba y no estaban necesariamente abiertos a probar cosas nuevas. Durante el noviazgo, se habían limitado a experiencias "seguras", cosas que sabían que le gustaban al otro. Cada uno tenía intereses muy distintos y se contentaban con dejar espacio al otro para hacer esas cosas.

Después de la boda, se dieron cuenta de que esos intereses separados y, lo que es más importante, el tiempo que pasaban haciéndolos estaba provocando tensiones en el matrimonio. Se encontraron discutiendo de esta manera:

"Pasas demasiado tiempo viendo las carreras de Nascar. Parece que es todos los fines de semana".

"No sé por qué esto es tan importante; siempre quieres ir al campo de tiro".

"Dijiste que no te importaba que lo hiciera. ¿Por qué sale esto ahora?"

"¡Es que parece que prefieres estar allí que conmigo!"

"Preferiría estar contigo, pero esto no te interesa. Nunca quieres ir conmigo".

"Sólo dije una vez que no quería ir y nunca me lo has vuelto a pedir".

Resulta que esos intereses en realidad formarían algunas experiencias increíbles para esta pareja. Ella lo invitó a ir a una carrera de Nascar, y él se ofreció a llevarla al campo de tiro. Ahora él sigue a otro piloto, y resulta que ella es bastante buena con las armas. Esas experiencias diferentes se convirtieron en realidad en un catalizador para nuevos recuerdos y para fortalecer su matrimonio.

¿CUÁNDO?

Tan a menudo como pueda. Para muchas parejas, la intimidad recreativa se convierte en el pegamento que las mantiene unidas (recuerde: es tiempo juntos, nuevas experiencias y creación de recuerdos). Son las citas rápidas para tomar un café. Encontrar un nuevo restaurante. Es dar un paseo por el lago. Es salir con intención, mucho después de haberse dado el "sí, quiero". Anote el tiempo que pasan juntos en el calendario para no dejarlo al azar o a la espera de encontrar tiempo. Prioricen el tiempo que pasan juntos para refrescarse y recargarse... juntos.

Tenga en cuenta que esta intimidad puede ser diferente en las distintas etapas del matrimonio. Lo que los dos pueden hacer como pareja sin hijos es muy diferente de lo que pueden hacer como pareja con niños pequeños o incluso con el nido vacío. El tiempo que pueden pasar juntos durante las temporadas de trabajo difiere del que pueden dedicar cuando están de vacaciones. Es importante reconocer la temporada en la que se está y ajustar las expectativas en consecuencia. Esto no significa que la intimidad recreativa quede "en suspenso", sino que hay que adaptarse a la época del año en la que nos encontremos para mantener fuerte este pilar.

¿POR QUÉ?

No sólo está de moda decir "tener citas", sino que estadísticamente es beneficioso para los dos. Los investigadores han descubierto que las parejas casadas que tienen citas frecuentes y participan en actividades juntos tienen una tasa de divorcio más baja y se sienten mejor acerca de la calidad de su matrimonio.[3] Las parejas que pasan tiempo juntos semanalmente tienen 3,5 veces más probabilidades de decir que son felices en su relación.[4] Las parejas que tienen citas con regularidad, aunque sólo sea una vez al mes, pueden reducir sus probabilidades de divorcio en un 14 por ciento.[5]

Con el tiempo, ambos pueden verse atrapados en el "ajetreo" de la vida. Las conversaciones sobre tener una cita o hacer una actividad divertida juntos disminuyen, y se pierde tiempo para que los dos conecten.

Es fácil pensar: "Podremos pasar tiempo juntos más adelante, cuando no estemos tan ocupados, cuando los niños crezcan, cuando el trabajo dé tregua". Pero es el tiempo que invierten ahora el uno en el otro lo que realmente importa para la salud de su matrimonio. No pueden seguir esperando ese momento mágico y perfecto para pasar tiempo juntos. Un matrimonio extraordinario se construye invirtiendo un montón de pequeños ratos centrados el uno en el otro, viendo y conociendo realmente a la otra persona.

Los dos tienen que seguir divirtiéndose más allá de la temporada de citas. La vida puede ponerse seria rápidamente después de la boda. Se encuentran con facturas que pagar, hijos que criar y un sinfín de obligaciones. Cuando se centran en la intimidad recreativa, está demostrando a su cónyuge que el tiempo que pasa *con él* es importante para ustedes.

¿DÓNDE?

En cualquier lugar donde puedan pasar tiempo juntos y prestarse atención el uno al otro. No importa lo que estén haciendo, siempre y cuando estén haciendo algo juntos, plenamente comprometidos el uno con el otro. Algunas sugerencias:

- Dar un paseo en helicóptero o en globo aerostático
- Jugar a un juego en la mesa de la cocina

- Lanzar un hacha
- Recoger manzanas o bayas
- Hacer una cena romántica juntos
- Asistir a un espectáculo cómico
- Demuestra sus habilidades con el karaoke
- Observar las estrellas en el jardín
- Sentarse en la playa, junto al lago o en el parque

Cuando los dos están centrados el uno en el otro, cualquier lugar puede ser un lugar para profundizar en su intimidad recreativa.

¿CÓMO?

Empiece por anotar tiempo con su cónyuge en el calendario. Sí, programe tiempo con su amor. No deje que otras cosas se interpongan en el camino de pasar tiempo juntos.

A menudo les digo a mis clientes de coaching que deben tratar ese tiempo con su cónyuge como una cita con el médico. Ya sabe lo difícil que es conseguir una cita con el médico, y sabe que si tiene que cambiarla, puede tardar meses en encontrar otra. El tiempo con su cónyuge debería ser así de importante. Prográmelo. No pasa nada por programar el tiempo. Sabe que todas las cosas importantes de su vida se anotan en su calendario. Si dice que su matrimonio es importante, no deje de ponerlo en el calendario.

Tenga conversaciones sobre lo que les gusta hacer y lo que les gustaría probar. Que a uno de los dos le guste hacer algo no significa que le siga gustando. Recuerde que cuando prueba algo nuevo, crea nuevos recuerdos. Los saca de la rutina y aumenta el compromiso matrimonial.

Una forma de hacerlo: Cada uno de ustedes toma una hoja de papel y escribe los números del 1 al 5 en ella. Elijan un tema para el tiempo que pasen juntos; por ejemplo, podrían escribir noches de cita en casa, ideas para un sábado perezoso o ideas para una noche de cita por menos de $20. Cada uno de ustedes, por separado, escriban ideas que les hagan ilusión. Cuando terminen, intercambien las listas. Ahora tiene una lista de ideas ganadoras que entusiasmarían a su cónyuge. ¡Hágalo realidad!

UN RETO COMÚN:

"Siempre soy yo quien planea las citas. Hace que no quiera hacerlo".

Esta es una queja común en la intimidad recreativa, y es una que se puede cambiar fácilmente. Piense en cuando eran novios. Es muy probable que ambos planearan actividades, muchas de las cuales eran nuevas para usted o su cónyuge. Es hora de que ambos vuelvan a abrazar ese sentido de la aventura.

Si usted es el cónyuge que siempre planea las citas, pregúntele a su cónyuge por qué nunca planea una cita. Puede haber muchas razones para esto, y tenemos soluciones para algunas de las principales razones aquí:

1. "Nunca te gustan las citas que planeo". Si su cónyuge ha intentado planear citas en repetidas ocasiones y nunca le gusta lo que hace, es hora de sacar esa lista de ideas ganadoras que acaba de reunir. Cuando sea su turno de planear una cita, escoja algo de la lista de su cónyuge, dele su propio giro y toma la decisión de que vas a sacar lo mejor de esta nueva aventura.

2. "Nunca tenemos tiempo para citas". Pónganse ustedes primero en el calendario. Son las dos personas más importantes de su matrimonio. No tengan tantas actividades o personas en la agenda que no tengan tiempo el uno para el otro. Empiecen por ustedes dos y luego dejen que otras cosas entren en su calendario.

3. "No sé los datos de contacto de la niñera, ni cómo concertar una cita". Para los que tienen hijos, éste puede ser un problema común. Tengan una conversación sobre cómo se va a gestionar. Nosotros tenemos una hija adolescente, así que entendemos lo raro que sería que un hombre adulto empezara a enviarle mensajes de texto, aunque fuera para organizar un trabajo de niñera. Ustedes dos tienen que abordar su solución. ¿Confirma la esposa la cita con la niñera y luego él planea el resto? ¿Tienen los dos una fecha fija en el calendario para que siempre sepan que tienen niñera y luego se turnan para planificar la cita? ¿O hay otra solución para la cuestión de la niñera?

Como con cualquier otro aspecto de la intimidad, la intimidad recreativa no es responsabilidad de una sola persona. En el matrimonio son dos y se necesitan dos para pasar tiempo juntos.

GRIETAS EN EL PILAR DE LA INTIMIDAD RECREATIVA

Pasar tiempo juntos y divertirse puede quedar relegado a un segundo plano frente a las cosas que "hay que" hacer. Es fácil sentir que todo lo demás es muy importante, pero a veces hay que decir no a otras personas u obligaciones para poder decirse sí el uno al otro. Si nunca se ponen el uno al otro en primer lugar, acabaran teniendo grietas en su intimidad recreativa.

> No deje que sus patrones del pasado dicten el presente

Usted sabe que tiene grietas en su pilar de intimidad recreativa cuando:

- No puede recordar la última vez que tuvo una cita.
- Utiliza las excusas comunes como "Estamos muy ocupados" o "Tenemos hijos".
- Una actividad divertida juntos es rara o inexistente. Se trata de hacer cosas, no tanto de mantener viva la chispa en el matrimonio.
- Las citas que tienen siempre son iguales (el mismo lugar, la misma comida, las mismas conversaciones).
- Parece que uno de los dos siempre acaba planificando el tiempo que pasan juntos, o no lo hacen.

No deje que sus patrones del pasado dicten el presente. Puede abordar estas grietas para cambiar.

Esto es lo que dijo una pareja sobre lo que ocurrió cuando reforzaron su pilar de intimidad recreativa:

Tuvimos la oportunidad de ir a esquiar y a hacer snowboard este fin de semana, los dos solos. Mi marido lleva al menos dos años, si no más, intentando que vaya a esquiar. Me cuesta mucho hacerlo porque mi marido es mucho mejor que yo. Suelo tener la sensación de que le estoy frenando e impidiendo que se divierta. Aunque había dicho que sí, estuve intentando pensar en maneras de no ir hasta el último minuto.

Estoy muy contenta de haber ido. Todo el trabajo que hemos estado haciendo en los 6 Pilares de la Intimidad®, y especialmente nuestra intimidad recreativa, está dando sus frutos. A lo largo del día, me caía y mi marido estaba ahí ayudándome a levantarme. ¡Pasamos un rato divertido haciendo algo que a él le encanta!

Me cuesta tanto salir de mi cabeza y de mi zona de confort, pero ver los efectos que tiene en mi marido es increíble. Me doy cuenta por sus acciones de que definitivamente lo aprecia. Es mucho más cariñoso, feliz y servicial. Pero, ¿sabes qué? No se trata solo de él. Me di cuenta de que hay cosas a las que digo que no que en realidad me gustan. Creo que digo que no porque es más fácil, porque significa que no tengo que probar cosas nuevas o salir de mi zona de confort. Esta experiencia nos ha abierto los ojos a los dos. Comprendo que si siempre hacemos lo mismo es aburrido, ¡y yo no quiero un matrimonio aburrido! Estoy muy contenta de haberme subido a las pistas con él. ¡Nuestra relación se siente nueva y renovada!

— T. S. (esposa)

SU CÓNYUGE SIEMPRE ESTÁ CAMBIANDO Y CRECIENDO

Su cónyuge siempre está cambiando y creciendo. La persona que era cuando se casaron puede no ser la misma ahora. Lo mismo ocurre con lo que le gusta hacer o quiere explorar. Usted tampoco es la misma persona que cuando se casó. Sus gustos han cambiado, igual que los de su cónyuge. Lo que quiere hacer o explorar puede ser diferente. No puede esperar que esta área de su matrimonio permanezca igual, o que a usted o a su cónyuge les gusten siempre las mismas cosas.

PRIMEROS PASOS

La intimidad recreativa requiere que reflexiones sobre:

- ¿Qué actividades le interesan en esta época de la vida?

- ¿Qué actividades les gustaría hacer juntos?
- ¿Cómo le hace sentir que pasemos tiempo juntos haciendo actividades divertidas?

¿QUÉ PUEDO HACER?

- Proteja el tiempo de cita con su cónyuge. Todo el mundo quiere sentirse importante, especialmente la persona con la que está casado. Proteger este tiempo significa no cancelarlo si sus amigos quieren salir o simplemente "no le apetece". Significa ser intencional con su tiempo para que pueda estar ahí y estar presente con su amor.

Cuando pasen tiempo juntos, estén plenamente presentes

- Elija probar cosas que le gusten a su cónyuge. Está casado con alguien que es diferente a usted. Esto significa que les gustan cosas distintas y tienen intereses diferentes. Pasar tiempo con su cónyuge haciendo cosas que le gustan demuestra su interés por quién es. Puede que encuentre algo nuevo que le guste.
- Deje el teléfono cuando pasen tiempo

juntos. Su cónyuge quiere su atención, su presencia. Cuando pasen tiempo juntos, estén plenamente presentes.

¿QUÉ PODEMOS HACER?

- Tener la intención de salir, los dos solos. Pasar tiempo fuera de casa, los dos solos, es un importante reajuste para el matrimonio. Es fácil distraerse con las tareas domésticas o con los niños, o incluso con otras cosas que hacer cuando se está en casa. Tener la intención de salir les da tiempo a los dos para centrarse simplemente el uno en el otro y en su matrimonio.

- Sea creativo en su tiempo juntos. ¿Quién dice que las citas tienen que ser siempre por la noche? ¿Quién dice que el tiempo juntos debe ser una cena y una película? Es su matrimonio, sean creativos en lo que van a hacer y cuándo lo van a hacer. ¡Las reglas las ponen ustedes!

PENSAMIENTOS DE TONY

Desde las citas hasta las actividades divertidas que hemos hecho juntos, nuestro pilar de intimidad recreativa ha sido uno de los que hemos tenido que reforzar una y otra vez. En los primeros años de matrimonio, íbamos a nuestra pizzería local todos los viernes por la noche para relajarnos después de una larga semana.

Esto se convirtió en nuestra temporada de senderismo, en la que cada fin de semana encontrábamos un nuevo lugar para aventurarnos juntos. Los viernes por la noche íbamos a la tienda de deportes local a comprar artículos de última hora para una excursión de un día o una excursión de fin de semana con mochila.

Cuando empezamos a tener hijos, este pilar se resintió y aparecieron grietas que necesitábamos solucionar. Durante esta época de la vida, en lugar de salir por la noche, acostábamos a los niños y cenábamos tranquilamente a la luz de las velas en el salón. Fueron momentos muy divertidos.

Navegar en kayak, pasear por la playa, hacer excursiones de un día, recorrer la costa en coche, jugar a juegos de mesa o de cartas y otras actividades han formado parte de lo que hemos hecho para fortalecer nuestra intimidad recreativa. Cada una de ellas nos ha acercado más para trabajar juntos y disfrutar de la compañía del otro.

El ajetreo es un verdadero enemigo del

matrimonio. Puede estar tan ocupado haciendo otras cosas y estando con otras personas (niños, amigos, compañeros de trabajo) que no le queda tiempo para su cónyuge. Si no hay tiempo para estar con ellos, es muy difícil seguir enamorado de ellos. Al cabo de un tiempo no sabe quién es ni qué le gusta.

El tiempo juntos es el antídoto.

Las nuevas experiencias son el otro ingrediente de la intimidad recreativa. Las rutinas son estupendas en muchos aspectos de la vida. Una rutina matutina le ayuda a llegar a tiempo al trabajo sin tener que dedicarle demasiada energía mental. La rutina de la hora de acostarse le permite ponerse en piloto automático a medida que el día se acaba. Su matrimonio se beneficia cuando está mentalmente involucrado y no en piloto automático, las nuevas experiencias fomentan ambas cosas. Esto no significa que tengan que hacer algo nuevo cada vez que pasen tiempo juntos, simplemente piensen en la variedad.

La intimidad recreativa permite que los dos trabajen en muchas otras intimidades mientras pasan tiempo juntos y se divierten. A medida que inviertan en este tiempo juntos, es natural que también crezca su intimidad sexual; hablemos de ello a continuación.

CAPÍTULO 10

PILAR #6:
INTIMIDAD SEXUAL

Cuantas más conexiones hagan usted y su amante, no sólo entre sus cuerpos, sino entre sus mentes, sus corazones y sus almas, más fortalecerán el tejido de su relación y más momentos reales vivirán juntos.

Barbara De Angelis

Este es probablemente el pilar con el que pensaba que comenzarían *los 6 Pilares de la Intimidad*®. Como compartimos con usted en los primeros capítulos, a menudo se piensa que la intimidad es sinónimo de la palabra "sexo", pero como ha visto en los últimos cinco capítulos, la intimidad es mucho más que sólo sexo.

> No hay duda: el sexo es importante para el matrimonio

Sin embargo, eso no significa que podamos o vayamos a ignorar la importancia del pilar de la intimidad sexual en su matrimonio. Comenzamos con los otros cinco porque cuando éstos son fuertes, este pilar tiene el potencial de convertirse en excepcional.

La intimidad sexual abarca todo lo relacionado con la conexión sexual con su cónyuge. Esto puede ser, pero no se limita a: el romance, la iniciación, los juegos preliminares y la relación sexual en sí. No hay duda: el sexo es importante para el matrimonio.

Pero la intimidad sexual va mucho más allá de: "Oye, ¿quieres tener sexo?".

Esa frase se pronunció muchas veces en nuestro matrimonio, lo que provocó rechazo, sexo por lástima y encuentros sexuales mediocres entre nosotros. La intimidad sexual fue una lucha en nuestro matrimonio durante casi una década. Más allá de tener hijos, hubo un par de factores clave que causaron estragos en la forma en que ambos conectábamos en este pilar.

Para mí, los once años de educación católica tuvieron un impacto definitivo en los primeros años de nuestro matrimonio. De niña, parecía que la Iglesia, la escuela e incluso los adultos bienintencionados nos habían enseñado que el sexo era algo sucio, que no debía disfrutarse y que sólo se trataba de hacer bebés. Después de casarme, no sabía cómo conciliar esos pensamientos con el deseo de Tony de tener relaciones sexuales porque estábamos casados. Me sentía culpable por haber tenido relaciones sexuales antes de casarme. Si el sexo era sucio, ¿por qué lo disfrutaba a veces? Tanta confusión y ninguna respuesta. No pasó mucho tiempo después de casarnos cuando pasamos de tener relaciones sexuales frecuentes a todas horas del día y de la noche, probar nuevas posturas y sentirnos cómodos hablando de sexo, a tener sexo sólo por la noche, en la oscuridad, con poca frecuencia y en la postura del misionero, siempre.

Discutimos sobre todo lo relacionado con el sexo, incluyendo:

- Frecuencia
- Variedad

- Iniciación
- Juegos preliminares
- Uso de juguetes
- Diferencias en el deseo

No sabíamos cómo expresarnos sexualmente ni cómo hablar de sexo de forma saludable. No sabíamos cómo era para una pareja tener una vida sexual sana.

Para la mayoría, esto no es algo de lo que sus padres hablaran con usted cuando era adolescente o adulto joven. Un día se encuentra casado, con la expectativa de que el sexo va a ser maravilloso después de dar el "sí, quiero". Pero, ¿qué pasa cuando no es así?

Tony llegó a nuestro matrimonio con una adicción a la pornografía que había comenzado cuando tenía doce años. Esto cambió sus percepciones y expectativas sobre el sexo y lo que debería ser. Yo conocía la pornografía cuando nos casamos, pero no tenía ni idea de hasta qué punto nos afectaría a los dos. Debido a la pornografía, a menudo sentí en los primeros años de nuestro matrimonio que Tony sólo necesitaba un cuerpo caliente para tener sexo, que no habría importado quién estuviera allí. Esto condujo a una falta de confianza por mi parte y a una falta de interés en el sexo. El sexo se convirtió en un tira y afloja en nuestro matrimonio.

Cuanto más lo deseaba él, más me atrincheraba yo y me oponía, eligiendo no tener sexo con él. A lo largo de los años, inventé todas las excusas posibles para no tener relaciones sexuales, me convertí en la Reina del Rechazo. Decía cosas como:

- Estoy demasiado cansada.
- Me duele la cabeza.
- Tengo calambres.
- No tengo ganas.
- Tengo que doblar la ropa/lavar los platos/limpiar.
- No quiero que los niños nos oigan.
- Uno de los niños me necesita.

Al final, me cansaba de que me lo pidiera y le decía: "Bien, tengamos sexo". Pero yo no estaba comprometida. Yo no estaba mentalmente allí. Sólo esperaba que él terminara para poder terminar yo. No había romance en nuestro matrimonio. No había iniciativa de mi parte. Si íbamos a tener sexo, Tony iba a tener que hacer los movimientos. Había poco o ningún juego previo, lo que a menudo significaba que el sexo era incómodo para ambos. El sexo, que se supone que es una hermosa experiencia en el matrimonio, era simplemente otra tarea en la lista de cosas por hacer.

No entendíamos que la intimidad sexual refuerza la conexión emocional y aumenta la confianza mutua. Los beneficios de mantener relaciones sexuales con regularidad van más allá de la conexión emocional; el sexo regular se ha relacionado con una vida más larga, una mejor salud cardiaca, niveles de estrés más bajos y una mayor autoestima.[1] Queríamos todo eso, sólo que no sabíamos cómo conseguirlo.

LA MEJOR EDUCACIÓN SEXUAL

Desarrollar la intimidad sexual empieza por conocer su cuerpo y el de su cónyuge. La mayoría de nosotros asistimos a clases de salud en las que se trató el aparato reproductor masculino y femenino. Fue un gran conocimiento anatómico; en un momento dado, probablemente podría etiquetar todas las partes del cuerpo, pero no sabría decir cómo funcionan. Sabía por la educación sexual lo que era una erección y cómo se hacía un bebé, pero la aplicación práctica era un poco diferente.

> Aprender lo que funciona es una aventura de por vida para los dos, y no se trata sólo de lo que ocurre sexualmente

Tener intimidad sexual con otra persona no es sólo introducir el pene en la vagina. Es aprender cómo funcionan realmente sus cuerpos, cómo afecta la excitación al cuerpo de él y al de ella. Es comprender los diferentes toques que crean una respuesta. Es comprender la lubricación natural y los ciclos menstruales. Es aprender cómo comprometerse mental y físicamente para crear una respuesta sexual.[2,3]

El Salmo 139:14 dice "... estoy hecho de una manera maravillosa...". Su cuerpo es asombroso y también lo es el de su cónyuge. El matrimonio es un curso de educación sexual para toda la vida porque su cuerpo y sus respuestas cambiarán con los años. Lo que funciona cuando usted tiene 20 años puede no funcionar a los 50 años. Su cuerpo después de tener hijos responderá de forma diferente a como lo hacía antes de tenerlos. Las enfermedades y la medicación afectarán a la excitación y las respuestas. Aprender lo que funciona es una aventura de por vida para los dos, y no se trata sólo de lo que ocurre sexualmente.

Reforzar la intimidad sexual también significa informarse sobre lo que le ocurre emocionalmente a su cónyuge. Lo que ocurre en su cabeza puede tener el mismo impacto en su intimidad sexual que lo que ocurre debajo del cinturón. La preocupación, la ansiedad, el miedo, el resentimiento... todo ello puede afectar a la profundidad de su intimidad sexual. Cuando se da cuenta de que son un factor en su intimidad sexual, es clave buscar ayuda para superarlos. Quieren seguir aprendiendo y creciendo juntos.

¿QUIÉN, QUÉ, CUÁNDO, POR QUÉ, DÓNDE Y CÓMO?

¿QUIÉN?

No es ninguna sorpresa, son ustedes dos. Y *sólo* ustedes dos. Los actos sexuales hechos por usted mismo, o con alguien que no sea su cónyuge, no construyen la intimidad sexual en su matrimonio. Son ustedes dos los que se involucran en un comportamiento que, dentro del pacto matrimonial, sólo es para ustedes dos.

Para ser franca, los matrimonios abiertos, el intercambio de parejas, las aventuras, etc., cualquier forma en la que otra persona pueda ser invitada a su matrimonio *no* construye la intimidad sexual. Como coach, he visto demasiadas situaciones en las que se creía que la introducción de otra persona en el matrimonio sería beneficiosa sólo para que creara celos, inseguridad y baja autoestima. Los riesgos superan con creces cualquier recompensa idealizada.

¿QUÉ?

Cualquier acto sexual que profundice la conexión con su cónyuge. No se trata sólo del coito. La intimidad sexual incluye el coito junto con el romance, la forma de iniciar e incluso los juegos preliminares. No es sólo el acto en sí, es la interacción que los dos tienen antes, durante y después.

Nota rápida sobre cómo definimos la diferencia entre iniciar el sexo y los juegos preliminares. Iniciar el sexo es todo lo que hace como una obertura para que los dos tengan intimidad sexual. Puede ser enviar un mensaje de texto sexy a primera hora de la mañana insinuando lo que está por venir o dejar una prenda de lencería especial sobre la cama. Son todas las acciones que tienen lugar antes de que los dos lleguen al punto de intimar sexualmente. Los juegos preliminares son todas las acciones que tienen lugar entre los dos antes de la relación sexual. Pueden incluir besos, masajes, roces y sexo oral. Puede haber momentos en los que los preliminares sean el inicio del sexo, pero no siempre.

Hemos dicho, desde el principio de UN Matrimonio Extraordinario, que sólo lleguen hasta donde se sientan cómodos usted y su cónyuge. Si uno de los dos sugiere algo con lo que el otro no se siente cómodo, no hay nada que hacer. No obligues a su cónyuge a tener relaciones sexuales con usted ni a participar en actos que le hagan sentirse menos que o incómodo.

Es importante que hable de la pornografía y el erotismo en esta sección. La pornografía y el erotismo cambian su percepción de lo que se espera o se acepta en el dormitorio. Juntos crean una falsa narrativa en torno a los comportamientos sexuales y pueden hacer que uno de los cónyuges se sienta inseguro o inadecuado.[4] He entrenado a demasiadas parejas cuyo matrimonio ha sido devastado por cualquiera de estos dos factores como para no abordarlos aquí.

¿CUÁNDO?

¡Cuando usted quiera! No hay ninguna regla que diga que la intimidad sexual sólo puede tener lugar por la noche o al final del día. Cada día tiene veinticuatro horas, así que tiene mucho tiempo para tener intimidad sexual. El sexo matutino es increíble, porque no está abrumado o agotado por todas las tareas del día. El sexo

> La intimidad sexual tiene la capacidad de conectarse a los dos: mente, cuerpo y alma

diurno significa que pueden disfrutar el uno del otro completamente despiertos, y aun así irse a la cama a tiempo. Pueden flirtear el uno con el otro a lo largo del día en previsión de conectar más tarde. Prueben diferentes momentos del día para ver cómo afecta a su intimidad sexual.

Ya que estamos hablando del "cuándo", debemos señalar que también es importante hacer de la intimidad sexual una prioridad en su calendario. Sí, estamos hablando de programar ese tiempo con su cónyuge. Esto no significa que tenga que tener reservado en el calendario "el viernes a las 21:07", sino que tenga marcados días o semanas en los que se turnen para iniciar y hacer de su intimidad sexual una prioridad. Hemos compartido este concepto de programar el sexo durante los últimos once años, y ha cambiado matrimonios en todo el mundo. Cuando el sexo está en el calendario, ya no hay que adivinar si va a ocurrir *o cuándo*. Necesita ser tan intencional con esta intimidad como lo es con cualquiera de ellas.

¿POR QUÉ?

La intimidad sexual tiene la capacidad de conectarse a los dos: mente, cuerpo y alma. Es algo más que una liberación física; es una oportunidad para que los dos experimenten el uno con el otro de una forma completamente vulnerable y abierta.

¿DÓNDE?

La cama es la respuesta obvia, pero no es el único lugar en el que pueden tener intimidad sexual. Su casa tiene varias habitaciones. Puede utilizar cualquiera de ellas para tener intimidad sexual. Piense en la ducha, el lavadero o incluso la cocina.

Y no sólo en casa. Hay parejas que han practicado sexo en sus coches (sí, los matrimonios lo hacen) y también al aire libre. Estos son algunos de los lugares que han compartido con nosotros a lo largo de los años:

- En un trampolín
- Conduciendo por una carretera oscura
- En el mar
- En los campos de maíz
- En lo alto de un camión de bomberos

Sólo recuerde obedecer todas las leyes locales relativas al sexo fuera de casa.

¿CÓMO?

Bueno, aquí es donde la intimidad emocional se une a la intimidad sexual. Muchas parejas prefieren la posición del misionero porque nunca hablan de su intimidad sexual. No saben qué les gustaría probar en cuanto a lubricantes, juguetes o posturas. A medida que los dos vayan construyendo sus 6 Pilares de la Intimidad y, en concreto, su intimidad sexual, desarrollaran la capacidad de hablar de lo que les gusta o les gustaría probar. Los dos entenderán cómo inician cada uno para que no se pierdan las señales. Crearán un matrimonio en el que el sexo sea algo que ambos esperan con impaciencia, porque saben que cada una de sus necesidades será satisfecha. El sexo no será unilateral, porque se convertirá en un pilar de la intimidad que los dos han construido intencionadamente.

UN RETO COMÚN:

"No quiero programar el sexo. Quiero que sea espontáneo".

Esta es probablemente la afirmación número uno que escuchamos cuando se trata de ser intencional acerca de la intimidad sexual. A la gente le preocupa que si hablan de ello, son intencionados e incluso programan el sexo, éste se convierta en algo mecánico o robótico, carente de toda creatividad. Lo curioso es que cuando preguntamos a las personas con qué frecuencia tienen relaciones sexuales espontáneas, la mayoría no tiene una respuesta, porque no las tienen.

Lo entendemos. Sabemos que le gusta la variedad y la creatividad, y esa es la belleza de ser intencional en su intimidad sexual. A medida que tenga más conversaciones con su cónyuge y aprenda lo que funciona para él, para usted y lo que a los dos les gustaría explorar juntos, encontrará más satisfacción en esta intimidad.

> Lo que ocurre en la vida sexual puede indicar otros problemas a los que se enfrenta el matrimonio

Saber que el sexo está en el calendario crea expectación. Les permite a los dos pensar en ideas creativas, porque saben que va a llegar. No deje que sus ideas preconcebidas sobre programar la intimidad sexual le impidan experimentar lo que es posible cuando los dos están de acuerdo.

Programar las relaciones sexuales es bueno tanto para el cónyuge que más desea como para el que menos. A menudo existen diferencias de deseo en el matrimonio, y no siempre es el hombre el que tiene más deseo. Saber que la intimidad sexual está programada alivia la preocupación del cónyuge con alto deseo de preguntarse cuándo ocurrirá. Para el cónyuge de bajo deseo, saber que el sexo está programado les da tiempo para prepararse mentalmente para ese momento juntos. Programar las relaciones sexuales fija las expectativas de ambos cónyuges.

GRIETAS EN EL PILAR DE LA INTIMIDAD SEXUAL

Este pilar suele utilizarse como barómetro de la salud de la relación. Lo que ocurre en la vida sexual puede indicar otros problemas a los que se enfrenta el matrimonio. Cuando se sienta desconectado en su intimidad sexual, definitivamente querrá abordar esas grietas.

Estas grietas pueden incluir:

- No puede recordar la última vez que tuvo relaciones sexuales (o que las disfrutó). Un matrimonio sin sexo se define como aquel en el que hay menos de diez encuentros en un año.[5]
- El sexo se siente como algo en la lista de "cosas por hacer", porque hay muchas otras cosas de las que los dos son responsables, y sólo hay tantas horas en el día. Se siente más como marcar una casilla que como cualquier tipo de encuentro significativo.

- El rechazo sexual es muy frecuente en el matrimonio. No se trata de un "no" ocasional, sino del rechazo reiterado de las insinuaciones de uno de los cónyuges.
- Le cuesta plantear sus necesidades o deseos porque no sabe cómo va a responder su cónyuge y le preocupa que lo juzgue.
- Se ha convertido en una rutina, hacer la misma postura a la misma hora del día. Para muchas parejas, esto significa que aunque están físicamente presentes, mentalmente no lo están.

He aquí el testimonio de un cliente de coaching que luchaba con este pilar:

Cuando me casé con mi mujer llevaba muchos años luchando contra el porno. Además, ambos nos sentíamos culpables por tener relaciones sexuales fuera del matrimonio. Nuestro curso prematrimonial no hablaba realmente de la intimidad sexual, y al cabo de uno o dos años de casados llegué a la conclusión de que nuestra vida sexual iba a seguir rota por culpa de elecciones pasadas. Ya no volvía a plantear mis deseos porque mi mujer se enfadaba y se disgustaba con las peticiones.

A lo largo de los años, rompí la confianza con ella muchas veces al recurrir a la pornografía para satisfacer mis necesidades. El año pasado, después de volver a confesarle lo del porno, me dijo que necesitaba tiempo para evaluar nuestro matrimonio y su deseo de seguir con él. Fue entonces cuando supe que tenía que pasar a la acción.

Empecé a trabajar en mí mismo, conectando con ella emocional y espiritualmente. A medida que ella empezó a ver los cambios -y a mantenerlos-, poco a poco se fue abriendo a mí, y nuestra intimidad sexual empezó a cambiar.

Anoche, mi esposa se dio la vuelta en la cama, me despertó, e inició espontáneamente, ¡de la nada a las 10:30 de la noche! Esto nunca había sucedido en doce años de matrimonio. Lo que es aún más increíble es mientras un miembro de la familia vive con nosotros.

Esta mañana, cuando le pregunté a mi esposa lo que encendió un interruptor para ella anoche, ella respondió "es aún más importante ahora que seamos intencionales en nuestro matrimonio". No podría estar más de acuerdo.

Después de diez años de un matrimonio mediocre, en modo supervivencia, con el síndrome del compañero de piso, no puedo estar más enamorado de mi mujer.

M.M. (esposo)

PRIMEROS PASOS

El desarrollo de una intimidad sexual sana comienza con conversaciones sencillas entre

los dos. Empiece por responder a preguntas como:
- ¿Cómo sería una vida sexual sana para los dos?
- ¿Sabe su cónyuge lo que a usted le gusta o le gustaría probar?
- ¿Cuáles son los deseos que nunca han expresado el uno al otro?

A partir de aquí puede comenzar el viaje de aprender quiénes son ustedes dos y cómo pueden fortalecer su intimidad sexual.

¿QUÉ PUEDO HACER?
- Romantizar a su cónyuge. A todo el mundo le gusta sentirse especial y deseado. Lo que esto significa para usted y su cónyuge es probablemente diferente. A algunas personas les gustan las flores o una nota de amor. Otras quieren un masaje o una llamada telefónica. Es importante saber qué hace que su cónyuge se sienta deseado, ya que el deseo desempeña un papel clave en su intimidad sexual.
- Averigüe de qué color le gusta verle vestida a su cónyuge. Puede parecer que hablar de colores favoritos es un poco infantil, pero espere. Los hombres y las mujeres somos criaturas visuales. El

color influye en nuestro estado de ánimo, nuestros sentimientos e incluso nuestra confianza. Cuando sepa de qué color le gusta verse vestida a su pareja, podrá elegir la lencería o la ropa interior especialmente para él. Saber que lleva su color favorito, en previsión de que algo suceda, creará excitación en usted, y una vez que se enteren, excitación en ellos.

- Vocalice durante el sexo. Expresar su placer durante el sexo es una forma de comunicárselo a su pareja. En muchos casos, ambos pueden tener los ojos cerrados, las vocalizaciones se convierten en otra forma de compartir lo que están sintiendo.

¿QUÉ PODEMOS HACER?
- Pruebe el lubricante. La lubricación es un regalo para ambos. A nadie le gusta tirarse por un tobogán seco. Lo mismo ocurre en su matrimonio, tanta fricción no es su amiga. Esposas, puede haber momentos durante su ciclo en los que necesiten un extra de humedad. Esto también puede ocurrir como consecuencia de los medicamentos o de la menopausia. Si los dos están intentando tener un rapidito,

puede que su cuerpo no tenga tiempo de lubricar de forma natural. No practique sexo incómodo. Utilice lubricante.

- Hable de su dormitorio como una zona de no rechazo. Esto no significa que uno de los dos tenga que decir siempre que sí si el otro quiere tener relaciones sexuales. Significa que los dos construyan su intimidad emocional hasta el punto de que sepan lo que está pasando en la vida de su cónyuge, con sus emociones, y que tengan un horario para su intimidad sexual de modo que no tengan que decir que no.

- Haga del sexo una prioridad en su matrimonio. El sexo es bueno para ustedes. Es importante para el vínculo que tienen los dos. Pasen de convertirlo en la última cosa de la lista de cosas por hacer a una prioridad importante. Prográmenlo. Hablen de ello. Esté presente. Todo ello contribuirá a que sientan una intimidad sexual más profunda.

PENSAMIENTOS DE TONY

Cuando pienso en nuestro matrimonio, creo que tanto Alisa como yo caímos en un punto en el que nos faltaba confianza sexual. La confianza sexual era un reto para nosotros porque "se suponía que lo resolveríamos" desde el momento en que nos casamos.

Pues bien, no lo hicimos.

La verdad es que nadie nos habló de cómo sería tener una verdadera intimidad sexual. Esto provocó grietas en nuestro pilar de la intimidad sexual que duraron muchos años. El rechazo, la apatía, la falta de deseo y la desconexión por parte de ambos nos mantuvieron a distancia.

Desde entonces, he aprendido que la confianza sexual es un sentimiento de seguridad en uno mismo que surge de la valoración de las propias capacidades. Desarrollar la confianza requiere tiempo y práctica, no es algo que simplemente "ocurre". Hay que trabajar en ello.

A lo largo de los años, a medida que nos volvimos intencionales en nuestra intimidad sexual, nuestra confianza nos ayudó a fortalecer este pilar. Tuvimos que entrar en lugares donde antes no lo habíamos hecho. Tuvimos que comprometernos mutuamente en aquellas áreas en las que nos habíamos herido emocionalmente.

Incluso hoy, he llegado a comprender que mi confianza en el dormitorio depende también de cómo me abro y sigo siendo vulnerable con

Alisa. Como la dinámica entre nosotros dos es una conexión viva, que respira y crece constantemente, podemos aprender a apoyarnos mutuamente para reforzar nuestra intimidad sexual.

Permanecer atentos a cada uno de *los 6 Pilares de la Intimidad*® puede ayudaros a explorar y apoyaros mutuamente en estas temporadas en las que la confianza es difícil.

Puede que se dé cuenta de que las cosas que funcionaron en el pasado no funcionan ahora. Es entonces cuando es importante comunicarse y apoyarse mutuamente. Comprender en qué aspectos la confianza en uno mismo es más difícil les permitirá elaborar un plan tanto individualmente como en pareja.

El conocimiento es poder, y aprender qué áreas necesitan fortalecerse los equipa a los dos para poneros en el mismo equipo para construir su confianza sexual. Ahora que hemos hablado de *los 6 Pilares de la Intimidad*®, hablemos de cómo funcionan juntos en el próximo capítulo.

CAPÍTULO 11

CADA PILAR IMPORTA

Cuide sus pensamientos, se convierten en palabras. Cuide sus palabras, se convierten en acciones. Asegúrese de cuidar sus acciones porque se convierten en hábitos. Cuide sus hábitos, se convierten en carácter. Cuide su carácter, se convierte en su destino.

Anónimo

Sabemos que muchos de ustedes están pensando: "Vale, si podemos arreglar cualquiera de *los 6 Pilares de la Intimidad*® que tenga más grietas, estaremos bien".

Sí y no.

¿Recuerda cómo describimos los pilares en el capítulo 4? Los pilares proporcionan fuerza, añaden belleza y soportan peso.

Trabajar en un pilar es un buen punto de partida, pero no puede sostener la estructura que es su matrimonio sólo con uno o dos pilares fuertes. Los necesita todos para tener un matrimonio extraordinario. Piense en lo que le pasaría al tejado de un edificio si le faltaran pilares o tuvieran grietas profundas. El tejado se derrumbaría y la gente saldría herida.

Lo mismo ocurre si ignora que cada uno de los seis pilares es importante. Cada matrimonio pasará por temporadas: la fase de recién casados, los hijos (si deciden tenerlos), el envejecimiento, la enfermedad, el dolor, la pérdida. En algunas temporadas puede que ciertos pilares sean más débiles que en otras.

Por ejemplo:
- Cuando murió nuestro hijo Andrew en 2004, nuestra intimidad emocional se vino abajo. No podía hablar sin llorar. No podía hacerme a la idea de lo que había

pasado. Me sentía deprimida y retraída. Convivíamos de verdad con pocas cosas más. No había intimidad física ni tampoco sexual. El único pilar que nos mantenía en pie en aquella época era la intimidad espiritual. Recuerdo que rezábamos para que nuestro hijo viviera. Recuerdo que íbamos a la iglesia incluso cuando no sabía si sería capaz de sentarme durante todo el servicio. Tuvo que trabajar a través del dolor para reconstruir los pilares de la intimidad emocional, física y sexual.

- En 2012, perdimos nuestra casa como resultado de la Gran Recesión. El estrés en nuestra intimidad financiera impactó en nuestra intimidad sexual. Aunque programábamos las relaciones sexuales, era más difícil conectar y estar plenamente presentes. No fue hasta que abordamos la inseguridad financiera que pudimos volver a conectar sexualmente.

> Cuando desarrolla habilidades en una intimidad, puede aplicarlas a las otras intimidades

- Durante los años en que nuestros hijos estaban en la escuela primaria y secundaria, gran parte de nuestro tiempo giraba en torno a sus actividades y necesidades. Si no teníamos cuidado, este "ajetreo" afectaba a nuestra intimidad emocional y recreativa. Tuvimos que luchar contra la trampa del "ajetreo" y poner nuestro matrimonio en primer lugar en el calendario.

- En 2017, estábamos lidiando con el deterioro de la salud del padre de Tony. Teníamos muchas conversaciones y nos manteníamos conectados emocionalmente. Durante ese tiempo, Tony compartió que necesitaba más intimidad sexual como una forma de mantenerse conectado y simplemente estar completamente en el momento. No era lo que yo hubiera pensado, pero entendí que necesitaba ese pilar para ser más fuerte durante una temporada.

Todos los pilares son importantes.

Los 6 Pilares de la Intimidad® son el secreto de un matrimonio extraordinario, ¡y aquí es donde se pone emocionante! Cuando desarrolla habilidades en una intimidad, puede aplicarlas a las otras intimidades.

Hace años, tuve una pareja de coaching que era increíblemente fuerte en su intimidad financiera. Los dos podían hablar con facilidad de presupuestos, planes de jubilación y seguros de vida. Estaban totalmente de acuerdo cuando se trataba de ser económicamente responsables y planificar el futuro.

¿Pero su intimidad sexual? *¡Grillos!*

Nada.

Nada de nada.

Ninguna conversación.

Ninguna conexión.

Zip.

Cero.

En una sesión de coaching, entraron en detalles sobre algunas de sus conversaciones financieras.

Estas conversaciones fueron incómodas, y ambos dijeron que fue duro, pero en estas conversaciones difíciles, habían aprendido a escucharse el uno al otro, compartir sus sentimientos, comprometerse y crear un plan de juego para sus finanzas. Reconocieron que habían sobrevivido a las conversaciones difíciles e incluso habían aprendido a trabajar juntos.

Fue un momento "Aha". Si podían hacerlo con sus finanzas, ¿por qué no podían hacerlo con su intimidad sexual? ¿Por qué no podían crear un momento y un lugar fijos para hablar de ello? ¿O probar diferentes estrategias, como programar las relaciones sexuales, turnarse para iniciarlas e incluso tenerlas durante el día para ver qué les funcionaba? ¿Por qué no idearon un plan de juego, como habían hecho con sus finanzas?

Nada cambió hasta el momento en que se dieron cuenta de que sus habilidades en otra intimidad podían trasladarse a su intimidad sexual. Sabían que tenían un "plan de juego" para sus finanzas: quién se encargaría de qué, con qué frecuencia se verían y cuáles eran sus compromisos mutuos. ¿Por qué no podrían trasladar esas mismas habilidades a su intimidad sexual? Sí, con algunos ajustes sutiles. En cuanto a la intimidad sexual, planearon turnarse para iniciar las relaciones sexuales, aprendieron a cortejarse mutuamente y programaron un tiempo no sólo para tener relaciones sexuales, sino también para hablar de lo que les funcionaba. Se animaron a fortalecer este pilar, que cambió radicalmente para los dos. Ya no peleaban por su intimidad sexual, ¡juntos la hacían extraordinaria!

Tiene habilidades. Al leer sobre *los 6 Pilares de la Intimidad*®, es probable que haya habido uno o dos, o tal vez más, en los que hayas pensado: "Este es en el que somos mejores".

No tiene que ser perfecto, ni siquiera súper fuerte. Ahora, sólo tiene que pensar: "Por aquí podemos empezar".

PIENSE EN ESTO

Escenario #1:

Una pareja que tiene una fuerte intimidad recreativa ha cultivado la variedad en las cosas que hacen juntos. Han descubierto cómo manejar lo inesperado en las aventuras. Han desarrollado la capacidad de adaptarse a los cambios de itinerario. Se sienten cómodos en situaciones nuevas. Si esto puede hacerse en su intimidad recreativa, ¿cómo sería en su intimidad financiera o sexual?

Para su intimidad financiera, podrían buscar nuevas aplicaciones para controlar sus gastos o crear una cuenta de ahorro separada para las vacaciones de sus sueños. Están dispuestos a discutir su nivel de comodidad con el riesgo financiero o la incertidumbre. Cuando llega una factura inesperada, trabajan juntos para encontrar una solución.

En lo que respecta a la intimidad sexual, pueden probar nuevas posturas o incluso nuevos juguetes, sabiendo que nada de lo que exploren tiene que formar parte "para siempre" de su intimidad sexual. Cuando una postura no funciona como esperaban, tienen la capacidad de comunicar lo que ocurre de tal manera que su cónyuge entienda que no se trata de ellos, sino de la postura.

Escenario #2:

Una pareja que es fuerte en su intimidad espiritual ha aprendido a ser real y vulnerable. Han desarrollado la habilidad de expresarse frente al otro y comunicar lo que les sucede espiritualmente. Si pueden hacer esto con su intimidad espiritual, ¿cómo pueden llevar estas mismas habilidades a su intimidad emocional o física?

Para construir la intimidad emocional, pueden dedicar tiempo a hablar de sus sentimientos o preocupaciones. Pueden trasladar la seguridad que tienen cuando rezan juntos a las "conversaciones difíciles". Cuando uno sabe que puede confiar sus oraciones a su cónyuge, también puede confiarle sus sentimientos.

Con su intimidad física, pueden elegir ser vulnerables sobre las caricias que son significativas para ellos y las que no lo son. Una pareja puede desarrollar las habilidades para hablar sobre cómo están cambiando sus cuerpos y qué necesitan físicamente en una estación concreta.

Escenario #3:

Una pareja que es fuerte en su intimidad sexual ha aprendido a crear un espacio seguro para sí misma y para su cónyuge. Han desarrollado la capacidad de comunicar sus necesidades y deseos en un área que se considera extremadamente sensible. Abrazan la variedad y la creatividad. Si pueden hacer esto con su intimidad sexual, ¿cómo podrían aportar estas mismas habilidades a su intimidad espiritual o a su intimidad recreativa?

Del mismo modo que son capaces de mostrarse vulnerables ante sus necesidades o deseos sexuales, pueden compartir sus necesidades espirituales. ¿Cuáles son los deseos más profundos de su corazón? ¿Qué es lo que no han podido compartir con nadie?

> Tanto usted como su cónyuge tienen puntos fuertes

Cuando se trata de su intimidad recreativa, tienen la capacidad de compartir lo que les excita o les preocupa de probar algo nuevo. Son capaces de ser creativos y salir de la rutina en sus citas o actividades. Su tiempo juntos no es rutinario ni aburrido.

UNAS PALABRAS SOBRE SUS PUNTOS FUERTES...

Tanto usted como su cónyuge tienen puntos fuertes. Quizá le gustaría que su cónyuge tuviera los mismos puntos fuertes que usted, pero lo más probable es que sean distintos y eso es bueno. No minimice los puntos fuertes de su cónyuge. Lo que aportan al matrimonio es importante. Tampoco juzgue sus puntos fuertes. Un punto fuerte no es bueno o malo. Si no es igual que el suyo, significa simplemente que es diferente. En lugar de juzgar lo bueno o malo que es su punto fuerte, juzgue la eficacia con la que los dos están utilizando sus puntos fuertes combinados para crear un matrimonio extraordinario.

CAPÍTULO 12

LA BIFURCACIÓN DEL CAMINO

En lugar de ser un producto de mis circunstancias, soy un producto de mis decisiones.
___

Stephen Covey

Este es el último capítulo. Está al final del libro. Está ante la bifurcación del camino. ¿Qué camino tomará?

OPCIÓN UNO: "ESTE FUE UN BUEN LIBRO".

Algunos de ustedes simplemente terminarán este libro, pensarán que fue agradable, lo pondrán en la estantería y seguirán haciendo lo que han estado haciendo. Nos alegramos de que haya leído el libro, pero ¿sabe qué? Las cosas no cambiarán si lo único que hace es leer este libro. Seguirá haciendo lo que estaba haciendo, y la distancia entre ustedes seguirá creciendo.

Algunos de ustedes seguirán deseando una respuesta, o leerán más libros y escucharán más podcasts, esperando y deseando que alguien les dé la varita mágica o el polvo de hadas para que su matrimonio sea extraordinario. Seguirá soñando con lo que podría ser su matrimonio, pero no hará nada para convertir ese sueño en realidad.

SEGUNDA OPCIÓN: "¡ES HORA DE PASAR A LA ACCIÓN!"

¿Y si éste es el avance que cambiará su matrimonio? ¿Y si esto es lo que ha estado faltando en su matrimonio? ¿Y si pudiera tomar este marco, este conocimiento y crear un matrimonio extraordinario?

Puede ser todas estas cosas. Pero depende de usted.

El conocimiento sin acción no es más que información. En nuestro mundo hiperinformado, puede buscar en Google el término "cambiar mi matrimonio" y obtendrá alrededor de 2.520.000.000 de resultados. Son muchos. Pero usted ya sabía que había mucha información disponible.

El secreto para crear un matrimonio extraordinario no es únicamente la información: es decidir pasar a la acción, en lugar de esperar y desear que otra cosa lo haga por usted. Es tomar los conocimientos que ha adquirido y ponerlos en práctica, adoptando la mentalidad de que puede crear el cambio. Es comprender que es un participante activo en su matrimonio. No se queda sentado esperando a que algo cambie, sino que actúa para crear el cambio.

¿Qué significa esto?

- Empiece por identificar el pilar con la mayor fortaleza en su matrimonio. ¡No adivine! Haga el test de *los 6 Pilares de la Intimidad*® (oneextraordinarymarriage.

com/quiz) y reconozca cuál es el más fuerte ahora mismo.

- Le pedimos que identifique lo que es fuerte porque donde actualmente tiene puntos fuertes, tiene habilidades. Ha descubierto cómo trabajar juntos de esa manera. Saber que ha sido capaz de descifrar un área le permite aplicar ese conocimiento a las otras intimidades.

- Identifique el pilar que puede tener la mayor transformación. De nuevo, utilice los resultados de su Cuestionario de *los 6 Pilares de la Intimidad*®. El pilar con la puntuación más baja tiene la mayor oportunidad de avance. Recuerde que ha demostrado fortaleza en al menos una de sus intimidades. Es hora de tomar esas habilidades y aplicarlas a esta intimidad.

- Centrase primero en "¿Qué puedo hacer yo?". Todo cambio en el matrimonio comienza con cada cónyuge asumiendo la responsabilidad de sus acciones. No espere a que su cónyuge actúe. Entre en el juego. Pase a la acción.

- Luego pase a la acción en "¿Qué podemos hacer?". Ambos tienen fortalezas que aportan al matrimonio. Su matrimonio necesita todas esas fortalezas. Cuando trabajan juntos, pueden crear algo más grande de lo que jamás podrían imaginar. Centrarse en los puntos fuertes cambia la forma en que ve a su cónyuge y a su matrimonio.

Nota al margen sobre el cuestionario: cualquier cuestionario es simplemente una instantánea en el tiempo. Base sus sentimientos sobre su matrimonio en cómo se siente sobre usted mismo, su cónyuge y su dinámica matrimonial cuando hace el test. No es una identidad. Simplemente proporciona comprensión.

Sea intencional para defenderse del síndrome del compañero de cuarto. Actúe para cambiar el rumbo de su matrimonio. Ponga en práctica lo que ha aprendido sobre *los 6 Pilares de la Intimidad*®.

Esto no es una teoría. Este es su marco. Esta es su respuesta. Le toca ser como esta pareja: *Hemos estado trabajando en los pilares con intención durante seis meses completos, y estoy 100% seguro de que nos ha dado una nueva perspectiva en casi todas las áreas de nuestro matrimonio. Tuvimos TODOS los retos de intimidad y TODOS los retos de comunicación, y honestamente, pensamos: "Es lo que hay".*

Si dudas de que las cosas puedan cambiar,

pueden cambiar. Tengan las conversaciones difíciles y apóyense en el Señor, el uno en el otro y en los principios rectores de la Familia UNO. Estarán mejores por ello, ¡lo prometemos!

— L. I. (esposa)

¿QUIÉN LO HACE RESPONSABLE?

Al enfrentarse a esta bifurcación del camino -determinar si este libro será simplemente otro libro matrimonial o un recurso para crear transformación- una pregunta que debe hacerse es: "¿Quién lo hace responsable de los cambios que desea ver en su matrimonio?"

Algunos de ustedes dirán que usted y su cónyuge serán responsables el uno ante el otro. Esta es una opción, si los dos pueden permanecer en el mismo equipo. Sin embargo, en nuestros muchos años estudiando el matrimonio, hemos visto a muchas parejas luchar para ser responsables el uno con el otro. Si su cónyuge es quien lo hace responsable de los cambios y usted no actúa, es poco probable que le diga algo. Nadie quiere sentirse como un padre, un regañón o un quejón.

Puede que no tenga a nadie que le haga rendir cuentas. Si ese es su caso, debe saber que es cien por cien normal. La mayoría de las parejas no tienen a nadie en su mundo que los obligue a cambiar. La mayoría de las parejas no tienen mentores matrimoniales. Es más fácil pensar en buscar ayuda para mejorar la forma física, las finanzas, la carrera profesional o la crianza de los hijos... ¿pero para el matrimonio? A veces ni siquiera puede imaginar tener un mentor.

Cuando se encuentra en la bifurcación del camino, ¿en quién puede confiar para que lo haga responsable? ¿Quién entiende lo que usted está tratando de lograr al comprender y adoptar *los 6 Pilares de la Intimidad*®? Encuentre personas con las que pueda ser vulnerable y transparente. No tiene por qué iniciar este viaje de fortalecimiento de *los 6 Pilares de la Intimidad*® usted solo.

A lo largo de este libro, se le han presentado parejas como usted. Parejas que tenían un pilar o dos o tres que tenían grietas y se dieron cuenta de que necesitaban ayuda para fortalecer esos pilares. Estas parejas habían intentado cambiar las cosas por su cuenta; habían leído libros, escuchado podcasts y probado otras cosas, pero seguían estancadas. Las cosas cambiaron para ellos cuando empezaron el coaching matrimonial. Cada una de estas parejas obtuvo la estrategia, la estructura y la responsabilidad que necesitaban para crear su propio matrimonio extraordinario. Usted también puede. Si quiere saber más sobre el coaching matrimonial, visite oneextraordinarymarriage.com/coaching.

No es una debilidad recibir coaching; de hecho, las personas más exitosas en cualquier área reciben apoyo para alcanzar sus metas y sueños. Si está listo para pasar a la acción en torno a *los 6 Pilares de la Intimidad®*, ha llegado el momento. Forme un equipo a su alrededor -su cónyuge, su entrenador, su comunidad- y ¡pasemos a la acción juntos!

¡Está preparado! ¡Y nosotros lo animamos!

Es hora de poner este marco en acción. Es hora de construir un matrimonio extraordinario. Está listo para romper los ciclos que no han funcionado y fortalecer sus pilares. Sabemos lo que es posible, ¡y estamos impacientes por ver cómo logra lo extraordinario en su matrimonio utilizando *los 6 Pilares de la Intimidad®*!

AGRADECIMIENTOS

Es imposible escribir un libro de esta magnitud sin agradecer a Dios no sólo por la inspiración sino por la persistencia para hacer que esto suceda. Si no fuera por nuestra relación con nuestro Padre Celestial y nuestra conciencia de su verdadero diseño para el matrimonio, *Los 6 Pilares de la Intimidad*® no existiría.

Estamos eternamente agradecidos a Ps. Marty y Becky Sloan por pedirnos tener una conversación con nosotros en la primera escapada matrimonial de Los 6 Pilares en el Paraíso. El efecto dominó de esa conversación se sentirá durante generaciones y muchos matrimonios se verán afectados por ello.

A lo largo de los años, ustedes dos nos han desafiado, nos han animado y se han convertido en amigos muy queridos. Gracias por hacernos una pregunta muy aguda: "¿Han considerado alguna vez publicar 6 Pilares de la Intimidad en español?". Ustedes entendieron que este libro era necesario en la comunidad de habla hispana y reconocieron que no podíamos hacerlo solos.

A Ps. Shannon de Brand New Church y Ps.

Devin de Good Shepherd Church gracias por compartir sus experiencias en comunidades de habla hispana y demostrar la necesidad una y otra vez de que este libro sea traducido al español. Sus congregaciones son una gran parte de que este libro se haga realidad.

A Calvary Español y al equipo de traducción de Calvary Church en Naperville, IL, especialmente Miguel y Nicole, no podríamos haber hecho esto sin ustedes. Una cosa es tener la idea o el deseo, y otra cosa completamente diferente es ser capaz de hacer el trabajo. Gracias por tomar este libro, palabra por palabra, y hacerlo accesible a la comunidad hispanohablante.

Gracias Familia UNO, por ser extraordinarios, por compartir sus historias con nosotros, por permitirnos ser parte de su matrimonio - no importa en qué estación estén, no importa qué idioma hablen. Ustedes son la razón por la que luchamos por los matrimonios día tras día. ¡Los queremos!

A mis clientes de coaching, es un honor y un privilegio caminar a su lado mientras atraviesan las estaciones más difíciles de su matrimonio. No doy por sentada la confianza que han depositado en mí al permitirme entrar en su matrimonio.

A nuestros hijos, gracias por entender por qué hacemos lo que hacemos, incluso cuando les resulta embarazoso. Ustedes son la razón por la que seguimos luchando por el matrimonio. Queremos que ustedes y sus compañeros sepan que el matrimonio no es una relación desechable, que las parejas pueden superar los momentos difíciles y que el matrimonio puede mejorar con el tiempo.

Y, por último, a nuestros primeros modelos matrimoniales, nuestros padres, gracias por demostrarnos lo que significa un compromiso para toda la vida. Les agradecemos que no ocultaran las dificultades y, aún más, que las superaran. Incluso en las horas más oscuras de nuestro matrimonio, el divorcio no fue una opción gracias al ejemplo que nos dieron.

¿NECESITA AYUDA PERSONAL PARA MEJORAR SU MATRIMONIO?

¿Ha estado luchando para crear el matrimonio extraordinario que desea?

¿Necesita ayuda para poner en práctica *los 6 Pilares de la Intimidad*® en su matrimonio?

¿Le parece que los dos repiten las mismas discusiones una y otra vez?

Si ha respondido afirmativamente a alguna de estas preguntas, ¡es hora de pasar a la acción!

Compruebe si el coaching matrimonial es adecuado para usted. Solicite coaching hoy mismo en: https://oneextraordinarymarriage.com/coaching

ACERCA DE LOS AUTORES

Tony y Alisa DiLorenzo son conferenciantes, presentadores de podcast y coaches muy solicitados sobre temas de sexo, amor y matrimonio. Comparten las dificultades y los triunfos que han tenido en su matrimonio a través de su sitio en UN Matrimonio Extraordinario. A través de sus historias, energía y pasión, inspiran a las parejas a vivir un matrimonio extraordinario.

Después de haber lidiado con los problemas de la pornografía, la crisis financiera y la pérdida de hijos, entienden los problemas que afectan a las relaciones y la confianza. Trabajan con parejas de todo el mundo, dotándolas de las herramientas y estrategias que necesitan para reconstruir la confianza rota.

Tony y Alisa han aparecido en FOX News, The CW, ESPN Radio, Lifestyle Magazine, Good Housekeeping, y MSN Living. Son autores de varios de los libros más vendidos, incluyendo el Reto de 7 Días de Sexo. Su podcast es constantemente #1 en matrimonios en Apple Podcast, con una audiencia en todo el mundo.

DEJAR UNA OPINIÓN

¿Le gusta este libro? No se olvide de contárselo a los demás.

Cada opinión cuenta, ¡y mucho!

Diríjase a Amazon o donde haya comprado *Los 6 Pilares de la Intimidad®*: El secreto de un matrimonio extraordinario para dejarnos una opinión sincera.

Nos sentimos muy honrados y bendecidos de que formes parte de la familia UNO.

NOTAS

Introducción
1. Dillow, Joseph, et. al. *Intimacy Ignited: Conversations Couple to Couple*. Colorado: Navpress, 2004
2. Gaspard, Terry. "Timing is Everything When It Comes to Marriage Counseling." *The Gottman Institute*, 23 de julio de 2015. https://www.gottman.com/blog/timing-is-everything-when-it-comes-to-marriage-counseling/. Consultado el 18 de agosto de 2021.

Capítulo 1: Lo que nadie le dijo nunca sobre el matrimonio
1. Follows, Stephen. "How Many People Work On a Movie?" *Stephen Follows Film Data and Education*, 6 de abril de 2020. https://stephenfollows.com/how-many-people-work-on-a-movie/ Consultado el 18 de agosto de 2021.

Capítulo 3: Prepárese para el éxito

1. MJJ Music. "Man In The Mirror" *Michael Jackson*. https://www.michaeljackson.com/track/man-mirror/ Consultado el 4 de septiembre de 2021

Capítulo 6: Pilar #2 — Intimidad física

1. @oneextraordinarymarriage. (2020) When it comes to kissing your spouse are your kisses usually deep and sensual or a quick peck? Historia de Instagram, Julio de 2020.
2. Penn Medicine. "Can You Kiss and Hug Your Way to Better Health? Research Says Yes." *Penn Medicine*, 8 de enero de 2018. https://www.pennmedicine.org/updates/blogs/health-and-wellness/2018/february/affection Consultado el 2 de septiembre de 2021
3. Anderer, John. "Xs & Os: Couples Who Regularly Show Physical Affection Have Happier Relationships" *Study Finds*, 29 de abril de 2020. https://www.studyfinds.org/couples-who-regularly-engage-in-physical-affection-have-happier-relationships/ Consultado el 2 de septiembre de 2021

Capítulo 7: Pilar #3 — Intimidad financiera
1. Cruze, Rachel. "Money, Marriage and Communication: The Link Between Relationship Problems and Finances" *Ramsey Solutions*, 28 April 2021. https://www.ramseysolutions.com/relationships/money-marriage-communication-research Consultado el 28 de septiembre de 2021.
2. LegalZoom Staff. "Estate Planning Statistics" *LegalZoom*, 25 de agosto de 2021. https://www.legalzoom.com/articles/estate-planning-statistics Consultado el 28 de agosto de 2021.

Capítulo 8: Pilar #4 — Intimidad espiritual
1. "Effects of Religious Practice on Marriage" *Marripedia*. http://marripedia.org/effects_of_religious_practice_on_marriage Consultado el 22 de agosto de 2021.

Capítulo 9: Pilar #5 — Intimidad recreativa
1. Heel That Pain. "8 Health Benefits of Having Fun" *Heel That Pain*, 14 de marzo de 2016. https://heelthatpain.com/8-health-benefits-of-having-fun/ Consultado el 20 de septiembre de 2021.

2. Crespo, Rebecca. "10 Simple Benefits of Having Fun" *Minimalism Made Simple*, 2020. https://www.minimalismmadesimple.com/home/having-fun/ Consultado el 20 de septiembre de 2021.

3. Smith, Sam Benson. "This Weekly Routine Is Statistically Proven to Save Your Relationship" *Reader's Digest*, 22 de agosto de 2017. https://www.rd.com/article/date-night-great-for-couples/ Consultado el 17 de agosto de 2021.

4. Wilcox, W. Bradford and Jeffrey Dew. "The Date Night Opportunity: What Does Couple Time Tell Us About the Potential Value of Date Nights?" *National Marriage Project*, 2012. http://nationalmarriageproject.org/wp-content/uploads/2012/05/NMP-DateNight.pdf Consultado el 22 de agosto de 2021.

5. Benson, Harry and Steve McKay. "'Date Nights' Strengthen Marriages" *Marriage Foundation*, de septiembre de 2016. https://marriagefoundation.org.uk/wp- content/uploads/2016/09/MF-paper-Date-Nights-Sep-2016-1.pdf Consultado el 22 de agosto de 2021.

Capítulo 10: Pilar #6 — Intimidad sexual

1. Wolfson, Elijah. "12 Ways Sex Helps You Live Longer" *Healthline*, 10 de octubre de 2019. https://www.healthline.com/health/ways-sex-helps-you-live-longer Consultado el 23 de agosto de 2021.
2. Spitz, Aaron. *The Penis Book*. Emmaus: Rodale Inc., 2018.
3. Gunter, Jen. *The Vagina Bible*. New York: Citadel Press, 2019.
4. Feuerman, Marni. "Is Pornography Destroying Your Marriage?" Very Well Mind, 6 de noviembre de 2020. https://www.verywellmind.com/is-pornography-destroying-your-marriage-2302509 Consultado el 4 de septiembre de 2021.
5. Brito, Janet. "Why You're Having Less Sex with Your Partner — and How to Get Back Into It" *Healthline*, 13 de enero de 2020. https://www.healthline.com/health/healthy- sex/sexless-marriage Consultado el 4 de septiembre de 2021.

www.ingramcontent.com/pod-product-compliance
Lightning Source LLC
LaVergne TN
LVHW091636070526
838199LV00044B/1084